Collana "QUADERNI MEDIORIENTALI"

6

FAYAZ EDITORE

7

Dallo stesso autore

Visita www.hosseinfayaz.com

Potere dei cittadini

Racconti di esperienze di vita vissuta in Iran, Svizzera, Germania e Italia.

2014 Fayaz Editore, Morciano di Romagna (Rimini).

Il manuale dei tappeti

Manuale pratico per l'acquisto e la manutenzione dei tappeti orientali

2008 Fayaz Editore, Morciano di Romagna (Rimini).

Dialogo e Integrazione

Integrazione degli immigrati musulmani in Europa

2005 Fayaz Editore, Morciano di Romagna (Rimini).

Sharq va qarb

Goftvagu bin do dust (in lingua *farsi*)

("Oriente ed occidente"

Il dialogo tra due amici d'infanzia)

2005, Mahjan Editore, Mashhad, Iran.

Io musulmano in Italia
Quale Islam in Europa?

Conciliare la fede religiosa e i diritti umani in un Paese democratico

2004 Fayaz Editore, Morciano di Romagna (Rimini).

Amuzegar rustae Orteh-Cheshmeh (in lingua *farsi*)

(Il maestro del villaggio Orteh-Cheshmeh – Quchan, Iran)

Esperienza di un soldato di leva dell'"Esercito di Sapere" nella lotta all'analfabetismo e arretratezza.

1998 Edizione Alawi, Teheran, Iran.

Le ragazze afgane

Hossein Fayaz

Storie di guerra e d'amore narrate nei nodi di un tappeto

Stampato da
CreateSpace, una Società del gruppo Amazon.com
(Printed by CreateSpace, An Amazon.com Company)

Seconda edizione: febbraio 2015
FAYAZ EDITORE

Copyright

Per essere informato sulle novità di Fayaz Autore e Editore
www.hosseinfayaz.com
twitter: @Fayazinfo

Questo libro contiene materiale protetto da Copyright e non può essere copiato, riprodotto o trasmesso in pubblico. Qualsiasi distribuzione o fruizione di questo testo, non autorizzata per scritto da Hossein – Fayaz Torshizi costituisce una violazione dei diritti dell'autore e sarà sanzionata civilmente e penalmente secondo quanto previsto dalla legge italiana (633/1941 e successive modifiche) e le norme internazionali.

Collana: QUADERNI MEDIORIENTALI, 6
Le ragazze afgane "Storie di guerra e d'amore narrate nei nodi di un tappeto".
Seconda edizione febbraio 2015:
Copyright © 2015 by Hossein - Fayaz Torshizi - Fayaz Editore
ISBN: Brossura   978-88-909286-9-7.
Ebook, terza edizione   978-88-909286-6-6.
Prima edizione 16/02/2013, ISBN 978-88-901614-4-5
info@fayaz.it

Foto di copertina tappeto narrante, Hezareh afgano, lana su lana, datazione 1981, cm 200 X cm 115 e in pagina 41 in bianco e nero: © Prof. Ennio Vicario, Milano. Foto di copertina, viso, ragazza afgana, 1981: © Dr Jon Thompson, University of Oxford, UK. Foto di 4° copertina, autore, 2012: © Arch. Pier Francesco Gasperi, Morciano di Romagna (Rimini).

L'editore si dichiara pienamente disponibile a soddisfare eventuali oneri derivanti da diritti di riproduzione per le immagini di cui non sia stato possibile reperire gli aventi diritto.

Stampato da https://www.createspace.com/
Un Amazon.com Company

Dedica

Per Wanda, la compagna della mia vita…

"Se il dolore degli altri non ti affligge non meriti di essere chiamato uomo."

Sa'di

poeta e scrittore iraniano

(1184-1290), Shiraz, Iran.

Sommario

Sommario 7

I protagonisti del racconto 13

1 Nel magazzino del mercante di tappeti a Mashhad 17

2 Verso il campo dei profughi afgani 23

3 Azar la tessitrice narrante 33

4 Il racconto annodato 37

5 Il disegno ed i simboli al posto delle parole 43

6 La storia di una fuga 49

7 Lo scontro con i contrabbandieri di oppio 61

8 Battaglia con i contrabbandieri di oppio 69

9 Matrimonio in un rifugio di fortuna 77

10 Lo scontro con i russi 105

11 Il passaggio del confine 109

12 Il disegno non è più un enigma 113

13 Najibe, dalla Reggia alla prigione 117

14 Siavash il giovane profugo afgano 145

15 Siavash, quale futuro 153

16 L'arrivo del tappeto di Azar in Italia 157

Dove sono ora i protagonisti del racconto?...... 159

Glossario... 163

Cronologia 205

Ringraziamenti... 251

Una conversazione con Hossein Fayaz.......... 253

Indice delle figure.. 269

Dallo stesso autore 271

Figura 1 - Mappa fisica dell'Afghanistan.

Figura 2 - Mappa politica dell'Afghanistan.

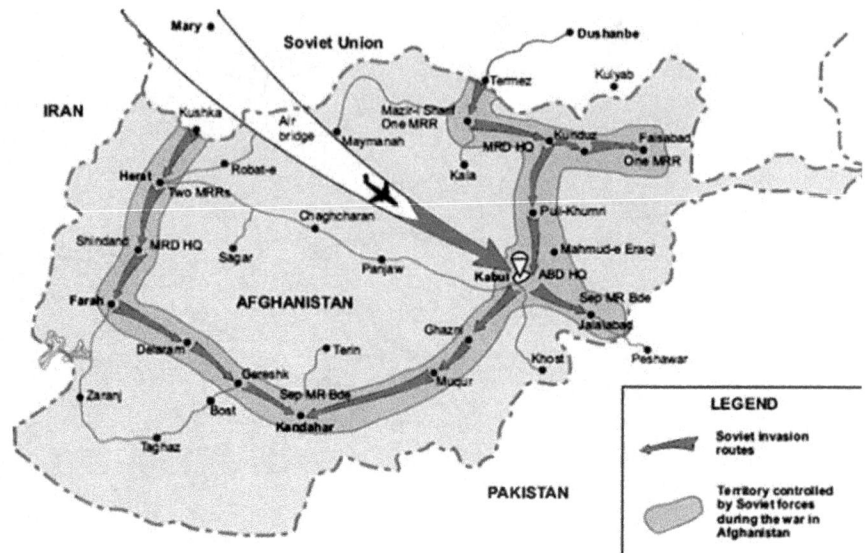

Figura 3 - Mappa del territorio controllato dalle forze sovietiche durante la guerra in Afghanistan.

Figura 4 - Mappa politica della Repubblica Islamica dell'Iran.

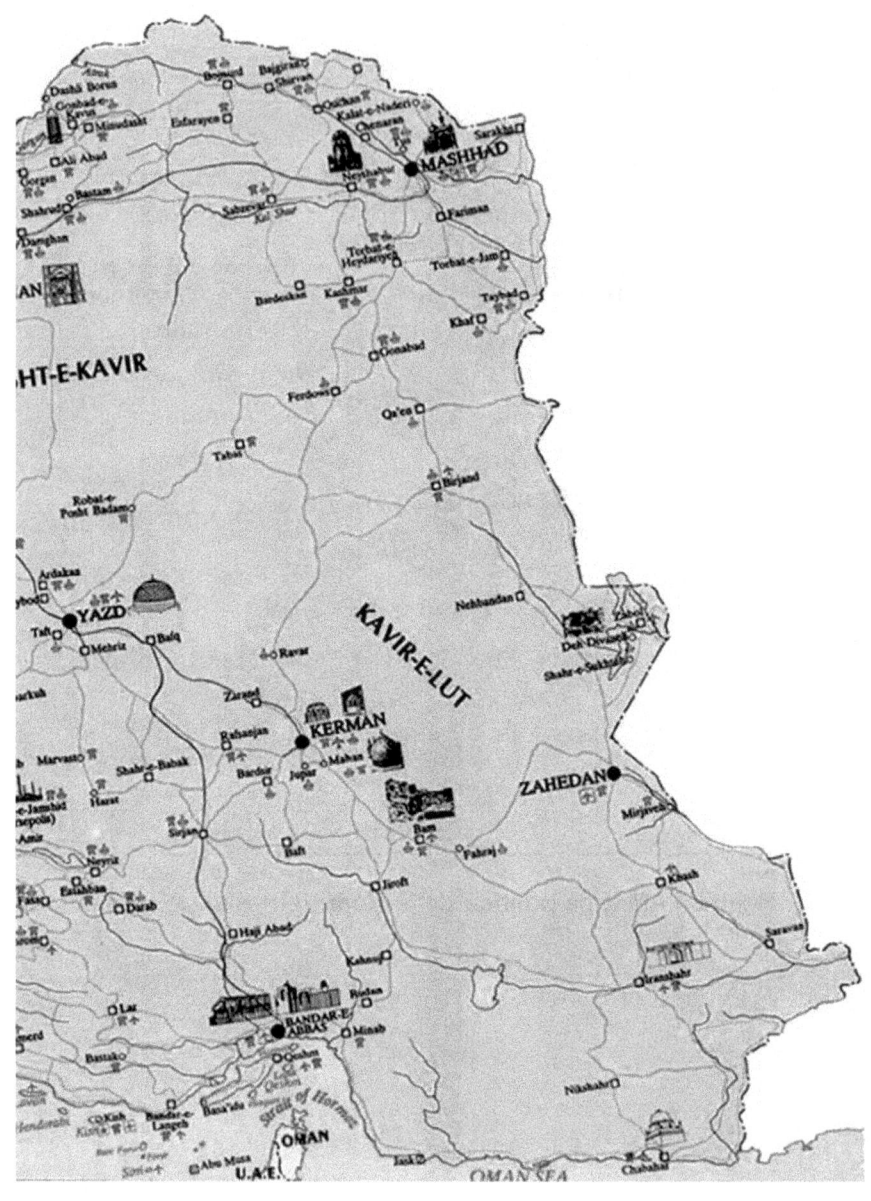

Figura 5 - Mappa politica e turistica delle regioni orientali della Repubblica Islamica dell'Iran.

I protagonisti del racconto

Hossein, narratore, trentottenne di origine iraniana, importatore di tappeti persiani in Italia.

Ramin (Rami), cinquantenne, grossista di tappeti baluci a Mashhad (Iran).

Ebbi, figlio ventenne di Rami; lavora con suo padre a Mashhad (Iran).

Parviz, giovane sottoufficiale di leva, appartenente all'"Esercito del sapere".

Ali Akbar, *Kadkhoda* (capo del villaggio) quarantenne del villaggio di Orte-Cescemè (Quchan – Iran).

Azar Kuroshi, protagonista del racconto, giovane diciannovenne figlia di Arash.

Arash Kuroshi, padre quarantacinquenne di Azar, ex maestro e direttore della scuola elementare di Do-Ab (Herat – Afghanistan).

Shirin Kuroshi, moglie quarantaduenne di Arash e madre di Azar.

Siavash Kuroshi, fratello diciottenne di Azar.

Sohrab Kuroshi, fratello ventenne di Azar.

Sirus Azadi, quarantacinquenne amico e collega di Arash Kuroshi.

Nasrin Azadi, moglie quarantaduenne di Sirus.

Neda Azadi, figlia sedicenne di Sirus e di Nasrin.

Morad Azadi, fratello ventiduenne di Neda.

Babak Azadi, fratello ventiquattrenne di Neda.

Rostam Kuroshi, cugino e cognato del padre di Azar, ex sottoufficiale quarantaduenne dell'esercito afgano.

Ziba Kuroshi, moglie quarantenne di Rostam e sorella di Shirin.

Kambod Kuroshi, figlio ventunenne di Rostam.

Mahbod Kuroshi, figlio ventitreenne di Rostam.

Dariush Kaviani, marito diciannovenne di Azar.

Arvin Kaviani, padre quarantaseienne di Dariush.

Sima Kaviani, madre quarantaquattrenne di Dariush.

Ozra, ventenne, compagna d'infanzia di Azar e *tata* di Najibe Ziri.

Najibe Ziri, figlia undicenne di Saleh Mohammad Ziri Ministro della Sanità dell'Afghanistan.

Signora Ziri, madre di Najibe e moglie quarantenne di Saleh Mohammad Ziri Ministro della Sanità afgana all'epoca dell'invasione sovietica.

Simionev, giovane tenente tagico dell'esercito sovietico di stanza a Kabul (Afghanistan).

Gianni, commesso del mercante di tappeti persiani a Pesaro (Italia).

Per tutti i termini in lingua farsi (in corsivo nel testo) si rimanda al glossario posto alla fine del volume.

1
Nel magazzino del mercante di tappeti a Mashhad

È il mese di maggio del 1981.

Mi trovo a Mashhad, capoluogo del Khorasan, la grande regione nord-orientale dell'Iran, per due ragioni: debbo fare rifornimento di tappeti persiani (all'epoca sono mercante di tappeti orientali in Italia) e vado a visitare i miei familiari, originari di quella regione.

Mashhad è la seconda città iraniana per numero di abitanti e la prima per numero di turisti; questo grazie alla presenza del santuario dell'Imam Reza, ottavo Imam degli Sciiti duodecimani e unico, tra gli undici Imam defunti, ad essere sepolto in territorio iraniano. Imam Reza è morto nell'817, per aver mangiato uva avvelenata offertagli dal settimo califfo abbaside al-Ma'mun (786–833). Il suo santuario, per la magnificenza delle cupole, moschee, minareti, scuole teologiche, musei e biblioteche, non conosce uguali in tutto il Medioriente. Gli Sciiti duodecimani, o imamiti, attendono il ritorno di Mehdi (in arabo *al-Mahdi*), il loro dodicesimo Imam, nato il 29 luglio 869 e "occultatosi"[1] nell'874 all'età di cinque anni (dopo il martirio di suo padre), per evi-

---

[1] Gli Sciiti duodecimani credono che il dodicesimo Imam non sia mai realmente morto e che, alla fine del mondo, tornerà per instaurare, nella veste di Mahdi, un regno di giustizia che ripari ai torti subiti dalla comunità sciita. Probabilmente questa cultura d'attesa per l'arrivo di un salvatore ha rallentato i movimenti di emancipazione politica e sociale dei popoli sciiti.

tare il proprio arresto e l'uccisione da parte degli emissari del califfo abbaside[2].

Di prima mattina, come mia abitudine durante i viaggi in Iran, mi reco al Bazar di tappeti per incontrare Ramin, il mio fornitore di fiducia in quella città. Il suo *Hojre* è situato al Saraie Saiid, una delle più grandi gallerie di tappeti di Mashhad, in via Khosravi now, a due passi dall'entrata sud del Mausoleo dell'Imam Reza.

Saraie Saiid è una grande galleria di tre piani con balconi su due lati e con il tetto che la protegge dal sole e dalla pioggia. Al piano terra ci sono i negozi e i magazzini di tappeti provenienti da varie località della regione, ai piani superiori altri negozi e uffici, e all'ultimo piano laboratori di restauro di tappeti. Il palazzo, di vecchia costruzione, è privo di ascensore.

Il mio amico Ramin, per gli amici Rami, non è ancora arrivato, e questa mattina il magazzino lo ha aperto Ebbi, il maggiore dei suoi figli che lavorano con lui.

Ebbi è un giovane ventenne, alto, magro, sportivo e muscoloso, di carnagione bruno-chiara, grandi occhi neri e folti

---

[2] In Persia credere in un futuro salvatore è una eredità dell'era zoroastriana. Lo zoroastrismo, una delle prime fedi monoteiste del mondo, dal 550 a.C. al 651 d.C. è stata la religione di Stato di tre grandi imperi persiani. Il concetto dualistico del bene e del male della religione di Zaratustra, rappresentato dall'eterna lotta fra Dio e il diavolo, influenzò il giudaismo, il cristianesimo e l'Islam, in particolare lo sciismo, che è l'Islam persianizzato. Dopo l'invasione araba, al contrario di altre civiltà antiche come egiziani ed iracheni, grazie allo sciismo i persiani riuscirono a mantenere la loro lingua e la loro identità nazionale, fondando nell'875 l'impero Samanide, che durò fino al 999. Questo periodo è considerato l'era del Rinascimento culturale, politico ed artistico persiano.

capelli corvini. È un ragazzo educato e gentile. Veste secondo la moda con pantaloni attillati, camicie colorate e un po' sbottonate; spesso indossa giubbotti. Come sempre, anche questa mattina è sorridente e dinamico. Il suo *samovar* bolle e il tè è già pronto. Mentre sorseggio il buon tè persiano coltivato sulle rive del mar Caspio, gli chiedo se ha qualche bel tappeto da mostrarmi. Mi dice di avere una bella collezione di tappeti Baluci di Torbat-e-Hydarieh e una bella notizia da darmi. Incuriosito chiedo subito di cosa si tratta.

Mi dice che sul mercato di Mashhad circolano tappeti *Hezareh*[3] afgani con disegni e motivi del tutto nuovi.

"Strano!" lo interrompo. "L'Afghanistan è occupato dai russi. Come fanno gli afgani ad esportare in Iran?"

"Semplice" risponde "perché questi tappeti sono annodati nel campo dei profughi afgani, tra il confine irano-afgano e Torbat-e-Jam, la nostra città iraniana di frontiera".

"Hai qualche pezzo o foto da farmi vedere?" gli chiedo.

"Ne ho intravisto uno nei laboratori di restauro, all'ultimo piano di questo palazzo".

"Devo andare subito a vedere" continuo, mentre finisco il mio tè. "L'occupazione russa ha recato dei grossi traumi ai popoli afgani. Gli Hezareh di lingua persiana della Provincia di Herat non hanno vissuto una tragedia simile

---

[3] Gli Hezareh (Hezara) sono una popolazione originariamente nomade, oggi stanziale, di lingua persiana e prevalentemente di religione Sciita, che vivono per lo più nella Provincia afgana di Herat e nelle province iraniane di Torbat-e-Heydarieh e Khaf "Khorasan Razavi".

dall'invasione di Tamerlano lo zoppo nel 1381. Anni fa, prima di partire per l'Europa, sono stato a Torbat-e-Jam. Quante ore di viaggio dobbiamo fare?"

"Duecentotrenta chilometri. In tre o quattro ore ci arriviamo con comodo".

In quel momento arriva suo padre, il mio amico Rami. È un uomo alto e robusto sui cinquanta, con capelli folti e brizzolati pettinati all'indietro, occhi grandi e neri, carnagione color dattero, baffi curati e barba corta di pochi millimetri come la portano i *Bazari*.

Questa mattina è vestito con un gessato grigio chiaro e una camicia bianca senza cravatta. Rami abita nel nuovo ed elegante quartiere *Kuh Sanghi*, sulle alture di Mashhad.

Dopo aver salutato Rami, come si saluta un amico che non si vede da tanto, e dopo aver preso insieme a lui un'altra tazza di tè, gli chiedo se Ebbi può accompagnarmi in uno dei campi di profughi afgani a Torbat-e-Jam.

"Naturalmente, non c'è nessun problema. Quando vuoi partire?".

"Anche subito."

"Fate in modo di rientrare a Mashhad prima di sera. Per ogni evenienza abbiamo il nostro corrispondente a Torbat-e-Jam".

"Speriamo di ritornare questa sera con qualche esemplare" concludo.

Ebbi ed io ci alziamo e salutiamo tutti; la *Paykan giavanan* prende velocemente la strada verso il confine afgano.

2
Verso il campo dei profughi afgani

La strada si snoda tra colline brulle e vallate che in maggio sono ancora verdi. Ai due lati della strada ci sono campi d'orzo non irrigati, ma bagnati solo dall'acqua piovana, un evento abbastanza raro in Iran. Lontano dai villaggi qualche contadino ha iniziato a raccogliere l'orzo a mano. Qua e là sono all'opera le trebbiatrici e i trattori. Lungo il percorso attraversiamo anche una zona montagnosa.

Superata la città di Fariman, entriamo in una vasta area pianeggiante, con terre fertili ricoperte da alberelli tipici del luogo. Proseguiamo sulla strada per chilometri senza incontrare né case né campi coltivati; abbiamo solo la costante compagnia dei pali del telegrafo e del telefono. Innumerevoli uccelli (merli, colombe e tortore) sono appoggiati sui fili.

Prima dell'invasione araba del 637 d.C. e delle successive invasioni turche, mongole, turcomanne ed afgane, quella pianura era molto popolata e prospera; poi la popolazione dovette emigrare in aree lontane e più protette.

Da questa regione provengono i Sik o i Parsi di religione zoroastriana, attuali abitanti del nord dell'India.

Dopo aver attraversato alcuni villaggi giungiamo a Torbat-e-Jam, capoluogo della medesima provincia, una cittadina di 21.000 abitanti. Ci fermiamo davanti al negozio di tappeti di *Haji* Namazi, il corrispondente di Ebbi in questa città. Namazi, appena ci vede entrare, ci versa un bicchierino di tè caldo. Ebbi mi presenta e gli chiede se ha dei tappeti afgani da mostrarci.

"Al momento sono pochi i tappeti finiti. Alcune famiglie afgane hanno comprato il tradizionale telaio orizzontale. È solo questione di tempo. Nel giro di un paio di mesi ci sarà qualche cosa sul mercato" risponde Namazi.

"Hossein *agha* vuol visitare il campo dei profughi afgani e vedere qualche tappeto finito o in fase di lavorazione;" prosegue Ebbi, "perciò riprendiamo subito il nostro viaggio."

Lo salutiamo e partiamo.

Prima di uscire dalla città Ebbi si ferma davanti a un *sandevich forushi*; seduti sui sedili della macchina, parcheggiata sul bordo della strada all'ombra di due salici giganteschi, mangiamo con gusto i panini alla mortadella di montone con pepe e pistacchi, farciti con fette di pomodori freschi e cetrioli in salamoia, e beviamo del *duq Ab Ali*.

Approfittando di questo momento di relax dico a Ebbi: "Ti voglio raccontare una storia divertente che mi è accaduta come maestro a Orte-Cescemè, durante il servizio militare".

"Grazie Hossein *agha*, ne sarò lieto".

"Quando ero un ragazzo, dovetti assolvere il servizio militare in Iran prima di ottenere il passaporto e partire per l'estero. Dopo la maturità, avendo la possibilità di scelta tra prestare il servizio in una caserma dell'esercito o far parte di un corpo speciale chiamato "l'esercito del sapere", che doveva lottare contro all'analfabetismo, a quell'epoca molto diffuso nelle aree rurali dell'Iran, scelsi il secondo. Il servizio durava diciotto mesi, quattro in caserma e quattordici come maestro di Scuola Elementare in un villaggio.

Passai tre mesi e mezzo nella base militare dell'esercito nella città di frontiera di Quchan, a nord del Khorassan (regione nord-orientale dell'Iran). Tutti i giorni eccetto il venerdì, giornata di festa, le ore antimeridiane erano dedicate all'insegnamento e all'addestramento militare per formare un futuro sottoufficiale dell'esercito; nelle ore postmeridiane seguivamo i corsi per diventare maestri elementari.

Completata la mia formazione, finalmente partii per il villaggio di Orte-Cescemè, al quale ero stato assegnato; si trova nella provincia di Quchan, ed è situato in una verde vallata tra i monti Elburs. Nel cuore di questa lunga vallata, all'epoca (autunno-inverno 1964-1965) abitavano ottantadue famiglie per un totale di 402 abitanti.

Il villaggio è stato costruito nel punto più largo di una stretta conca dove, ai piedi del monte Mohammad Beig, dal cuore della roccia nasceva una sorgente d'acqua dolce che serviva agli abitanti per bere, per abbeverare il bestiame, per lavare tegami e panni, e per innaffiare frutteti e campi.

A nord, nel punto più basso, c'è una gola stretta e profonda tra due monti rocciosi, dove passano le acque delle inondazioni verso la piana di Quchan. Da questa gola a fatica passa un camion; per difenderla da qualsiasi attacco bastano solo due fucilieri sistemati sui due lati. Orte-Cescemè per secoli è stata una fortezza naturale. La maggioranza della popolazione è formata da curdi della tribù

Chameshgazag, provenienti da Mahabad, capoluogo del Kurdistan iraniano. Vivono da cinque secoli in quest'area di frontiera con il Turkmenistan e l'Asia centrale per difendere i confini naturali della Persia.

Sono popolazioni montanare di statura alta, robusta, di carnagione bianca, capelli e occhi castano chiari, talvolta anche biondi. Gente fiera, coraggiosa e molto ospitale. A Orte-Cescemè vive anche una minoranza turca della tribù Afshar.

Le case, essendo state costruite sul pendio dei due lati della conca e avendo il tetto piatto, creano tante belle terrazze panoramiche.

Dopo il mio arrivo mi resi presto conto che a Orte-Cescemè mancavano la scuola, la strada, l'acqua corrente nelle case, l'elettricità, il bagno pubblico con le docce; al suo posto c'era una vasca d'acqua, riscaldata con paglia e legname, nella quale si lavavano di giorno le donne e di sera gli uomini.

In quei quattordici mesi, lavorando sodo assieme agli abitanti e con il loro costante consenso, furono realizzati parecchi obiettivi e colmate alcune grosse lacune: la scuola ebbe corsi diurni per tutti i bambini (maschi e femmine) e serali per gli uomini adulti volontari; in zona collinare fu costruita e ricoperta con la ghiaia una strada per circa due chilometri; furono create le cooperative agricole per i finanziamenti e per la distribuzione delle sementi, del concime e del carburante.

Seguendo le normative vigenti in Iran, per prima cosa avevamo eletto un Consiglio del villaggio, con cinque consiglieri in carica per due anni.

L'Assemblea cittadina si teneva nella piazza antistante la Moschea e il bagno pubblico. La piazza era formata dal letto secco di un torrente. I cittadini più anziani si sedevano sulle pietre e sulle rocce, quelli più giovani stavano in piedi. A quei tempi, nelle zone rurali, le donne ancora non partecipavano alle votazioni, pur avendo conquistato il diritto di voto da poco tempo (27 gennaio 1963, 6 *bahman* 1341). Ad Orte-Cescemè però le donne assistevano attivamente alle assemblee, radunandosi sui tetti a terrazza delle case attorno alla piazza. Non avevo possibilità di comunicare direttamente con le donne, perché non parlavo né curdo, né turco e loro capivano poco il persiano. Gli uomini invece capivano e parlavano il persiano perché quasi tutti avevano fatto due anni di servizio militare fuori casa. Evitavo i colloqui diretti con le donne senza la presenza di un barbabianca del villaggio; questo per ovvi motivi religiosi e per rispettare la tradizione locale. Mi accorsi subito, però, che la popolazione femminile del villaggio mi appoggiava appieno, perché ottenni la collaborazione unanime degli uomini per eseguire le opere pubbliche e per iscrivere tutti i bambini alla scuola, senza alcun problema.

La sera prima, al momento del mio arrivo a Orte-Cescemè, accompagnato da Parviz (un commilitone destinato a *langhi Qale*, un villaggio più lontano), avevamo chiesto l'indirizzo della casa del capo villaggio (*Kadkhoda*) a un gruppo di donne che lavavano i piatti ad una sorgente che sgorgava proprio lì nella piazza situata all'ingresso del Paese. Era il tramonto e loro si aiutavano con la luce di qualche lampada portatile a cherosene. Una giovane e bella ragazza castana, alta, formosa, di pelle bianchissima, con bellissimi occhi verdi dalle pagliuzze dorate, che splendevano ai deboli raggi della lucina della sua lanterna, si alzò immediatamente e ci disse che lo avrebbe subito avvisato del nostro arrivo. Capimmo che avevamo chiesto l'indirizzo della casa proprio alla figlia del *Kadkhoda*.

Ci trovammo di fronte a un muro alto quattro metri che costituiva il lato est della piazza; sotto l'arcata il portone di legno, grande e robusto, aveva ai lati due banchi costruiti in mattone.

Kadkhoda Ali Akbar uscì dal portone della sua casa e ci ricevette con tanti onori. Era un uomo sui quarant'anni, alto, in forma e abbronzato. Aveva una barba corta e portava una giacca elegante; in testa un cappellino di cotone e un piccolo turbante marrone chiaro di un tessuto fine. I suoi atteggiamenti erano di un capo clan, con il pregio di essere cordiale, accogliente e alla mano.

Sapendo che eravamo i nuovi maestri disse: "I signori maestri hanno fatto tanti chilometri e sono stanchi; sarà meglio che entrino a casa a riposare e a cenare".

Entrammo in casa del *Kadkhoda*. Sui quattro lati del grande cortile si trovavano le stanze: sulla sinistra c'erano la cucina e le camere, di fronte il magazzino; sulla destra le stalle (per il cavallo, i buoi da lavoro e i muli, i somari da trasporto) e i depositi del mangime. Le stanze per gli ospiti si trovavano al primo piano sopra i magazzini delle sementi, di fronte all'ingresso; vi si accedeva attraverso una scala stretta, direttamente dal cortile.

Salimmo al primo piano. Ci portarono subito due teiere grandi, una colma di tè e l'altra piena di acqua bollente per alleggerirlo all'occorrenza.

Il *Kadkhoda* ci presentò suo figlio, Qolam Reza, che doveva iscriversi al secondo anno della scuola elementare. Fece preparare dalla moglie e dalla figlia una cena ricca e abbondante; eravamo due giovani, avevamo percorso dodici chilometri a piedi trasportando un sacco a spalla e una valigia abbastanza pesante: era naturale che avessimo una fame da lupo. Mangiammo con gusto del pane caldo appena sfornato, yogurt fresco di giornata, formaggio fresco, erba cipollina, prezzemolo e radici come antipasto, seguito da un ottimo spezzatino di montone con legumi, cipolla, pomodoro e patate. Ero completamente sazio e rivolgendomi al padrone di casa dissi:

"Signor *Kadkhoda*, grazie per questa ottima cena; abbiamo mangiato tanto bene. Basta così, o faticheremo a dormire. Per favore ringrazi la sua signora da parte nostra".

Per nulla turbato rispose: "Intanto che mia moglie prepara una frittata, Le faccio sentire la marmellata di uva bianca con lo yogurt fresco", ed uscì dalla stanza.

Mi accorsi che il *Kadkhoda* non aveva insistito con il mio amico Parviz per portargli dell'altro cibo. Meravigliato, approfittai dell'assenza del padrone di casa e chiesi a Parviz: "Come mai a te non chiede se vuoi dell'altro cibo?"

Parviz, che era un curdo nato e cresciuto a *Faruj*, nella Provincia di Quchan, e naturalmente conosceva bene gli usi e costumi della sua gente, mi disse piano nell'orecchio: "Dopo quell'ottimo spezzatino, quando il *Kadkhoda* portava via i tegami vuoti, io l'ho ringraziato e ho fatto un rutto. Ecco perché ha smesso di insistere con me. Per la gente di origine tribale e montanara l'ospite è sacro. In qualsiasi ora del giorno e della notte, quando ricevono un ospite, accendono i fornelli in cucina e stendono la tovaglia sui tappeti della sala. Si presume che un viaggiatore, avendo fatto un lungo tragitto a piedi o a dorso di cavallo, abbia appetito e sete. Ecco perché ti portano subito del tè caldo, seguito da un pasto abbondante. Il ritiro dell'ospite dalla tovaglia con un po' di fame è considerato un disonore per il padrone di casa".

"L'ho ringraziato anch'io, ma continua a portare altre pietanze", feci notare.

"Ma tu non hai fatto il rutto".

"A me hanno sempre detto che fare il rutto in presenza degli altri, e particolarmente davanti agli anziani, è maleducazione", risposi meravigliato.

"Paesi che vai, usi che trovi. Se vuoi essere rispettato, il segreto sta nel rispetto degli usi e costumi locali", replicò Parviz.

Arrivò il *Kadkhoda* con una ciotola di yogurt fresco, un piattino colmo di densa marmellata di uva color oro, simile a miele di fiori di arancio, e del pane tipo fornarina, all''olio giallo', con origano e altri aromi. Appoggiò il vassoio di fronte a me e disse: "Prego, buon appetito". E rimase in piedi vicino alla finestra del piccolo corridoio antistante la stanza degli ospiti.

Mangiai un pezzettino di pane con lo yogurt e la marmellata, poi, tenendo il palmo della mano destra davanti alla bocca, feci un grande rutto.

Esausto, portai le mani sullo stomaco e dissi: "*Kadkhoda*, grazie. Veramente sono pieno", e feci un altro rutto ancora più rumoroso.

Il *Kadkhoda* mise la testa fuori dalla finestra, guardò in direzione della cucina, che era al piano terra, e gridò: "Madre di Mohammad Reza (in pubblico chiamava la moglie con l'appellativo del nome del suo primogenito), il signor maestro è sazio. Non c'è bisogno della frittata!".

Nel tono della sua voce si percepivano soddisfazione e sollievo; entrò nella stanza rilassato e sorridente, e sedette vicino a noi.

Ci liberammo in tre: sua moglie che finalmente smise di cucinare, lui che non fu costretto ancora a fare su e giù per le scale con i vassoi colmi di pietanze, ed infine io che, per rispetto dei padroni di casa e per fare onore alla cuoca, continuavo a mangiare rischiando di scoppiare.

"Eh!! Hossein *agha*", dice Ebbi "vede: quando non si conoscono gli usi e i costumi della gente, si può anche rischiare di morire. Questa storia è stata molto divertente e la ringrazio di avermela raccontata."

Ripartiamo in direzione di Taibad (Taybad); lo scenario si ripete: campi incolti e pali elettrici; superata Taibad (Taybad) procediamo verso la dogana. In lontananza avvistiamo, nella sterminata pianura, un immenso campo formato da tende e da semplici costruzioni ad un piano in mattoni cotti e crudi.

Un cartello di metallo sul bordo della strada annuncia in lingua farsi: *"Be Mehman Shahr khosh Amadid"* "Benvenuti nella Città degli Ospiti".

Il campo è gremito di uomini, donne e bambini afgani, militari, medici, infermieri, personale amministrativo ed ausiliario iraniano e delle Nazioni Unite.

Attorno alla piazza centrale vi sono i locali del Pronto Soccorso e l'infermeria, gli uffici, i negozi, il forno e la Moschea. Da questa piazza partono quattro strade a forma di croce; ai due lati di queste strade sono state costruite di recente delle case di un solo piano. Le costruzioni finiscono presto, ma il campo si estende con altre strade e crocevia, con container e tende a perdita d'occhio. All'interno delle case, per quanto possibile, i profughi afgani sono sistemati in gruppi di parenti stretti. Nell'area a loro riservata, ogni famiglia ha una tenda a dispo***siz***ione.

3
Azar la tessitrice narrante

Ebbi ferma la macchina nella piazza del campo di Dogharoon (Dogharoun) davanti ad un supermercato; scendiamo ed entriamo nel negozio. Sulla destra c'è un enorme frigo a forma di bancone con delle bevande; prendiamo due bottiglie di aranciata che cominciamo a sorseggiare prima ancora di uscire.

Ebbi chiede al proprietario del negozio: "*Hajaqa*, conosce qualche famiglia che abbia un bel tappeto da vendere?"

"Sì, proprio questa mattina il maestro Arash Kuroshi mi ha riferito di averne uno" rispose.

"Dove abita il maestro Kuroshi?".

"Vi faccio accompagnare dal mio commesso".

Lo ringraziamo e usciamo con il garzone che, salito sul suo motorino, ci fa segno di seguirlo. Prendiamo la via principale; dopo alcune centinaia di metri il motorino si ferma. Il ragazzo scende e bussa con il battente destro del portone[4]. Il maestro Kuroshi apre di persona.

Il commesso lo informa con accento afgano: "*Hajaqa Salam allikom*. Questi signori vengono da Mashhad e desiderano vedere il vostro tappeto."

---

[4] Il portone è dotato di due ante e su ognuna c'è un battente: quello di sinistra è più piccolo di quello di destra. Se si percuote il battente di sinistra, viene ad aprire una donna, se quello di destra, apre un uomo.

Scendiamo dalla macchina e ci avviciniamo al portone di casa.

"*Allikom Salam*. Grazie, accomodatevi" replica Kuroshi.

"Dio vi protegga, io devo tornare in negozio" dice il garzone e fa per andarsene, ma Ebbi gli allunga una banconota da duecento reali, circa mezzo dollaro, e stringendogli la mano: "Grazie, Dio ti protegga, verremo a salutarvi."

Anche io faccio un segno di saluto e di ringraziamento con la testa e mi avvicino al Signor Kuroshi: "*Salam allikom hajaqa*, io mi chiamo Hossein e sono un mercante di tappeti. Il Signor Ebbi, che insieme al padre e ai fratelli gestisce un magazzino di tappeti nel Bazar al Saraie Saiid di Mashhad, mi ha gentilmente accompagnato al vostro campo."

"*Khosh amadid*" sorride Kuroshi. "Accomodatevi nella mia piccola casa, da povero Dervish devoto al sufismo. Il nostro destino era quello di finire in un campo per profughi."

La conversazione, iniziata con una presentazione di rito sull'uscio di casa, assume subito un carattere politico.

Infatti Ebbi interviene: "*Salam allikom hajaqa*. Non è il destino. È la prepotenza dei paesi che governano il mondo. Vogliono impadronirsi delle riserve naturali e delle ricchezze dei paesi deboli. È l'insufficienza dell'organizzazione politica e della partecipazione del popolo al governo del paese che produce la debolezza e che crea questa situazione."

"*Hajaqa* è molto educato e modesto" aggiungo. "Gli afgani stanno pagando questo prezzo per la loro posizione geografica. Il loro paese si estende lungo i confini orientali dell'Iran, a due passi dal mare dell'Oman e all'ingresso dell'Oceano Indiano. Qui passa il settantacinque per cento del petrolio greggio mondiale."

"C'è qualche cosa che non va in questo disegno" ammette Kuroshi. "Ritengo che non abbiano tenuto in giusta considerazione il livello della resistenza popolare."

"Hossein *agha*, tu che vivi in Italia, pensi che sia serio il discorso della ricerca di fonti alternative d'energia in Europa?" mi chiede Ebbi.

"No. Fin quando le compagnie petrolifere delle sette sorelle ed i loro governi terranno alta la produzione del petrolio mediorientale e abbasseranno il prezzo del barile, non si farà nessuna ricerca seria sulle energie alternative. Oltretutto il business del consumo degli idrocarburi per i governi occidentali è irrinunciabile: il settantacinque percento sono imposte indirette."

"Capisco" Kuroshi fa una pausa e poi ci invita ad entrare. "La nostra casa è piccola e non è al vostro livello. In ogni caso vi prego di entrare e bere una tazza di tè. Vi riposerete dalla stanchezza del viaggio e potrete vedere il tappeto di mia figlia".

"È un piacere e un onore averla conosciuta. Si accomodi, noi la seguiamo" rispondo.

Ebbi aggiunge: "Anche per me è un piacere averla conosciuta" e con un gesto della mano destra invita Kuroshi a precederci.

Il tempo trascorso all'esterno della casa per lo scambio di idee probabilmente era necessario alle donne per mettere in ordine la stanza grande della casa e per accendere il samovar per la preparazione del tè.

Kuroshi apre il portone e, per informare le signore di casa dell'arrivo degli uomini, grida ad alta voce: *"Ia Allah, ia Allah*, o Dio, o Dio."

Entra per primo in casa e noi lo seguiamo uno alla volta ripetendo più piano: *"Ia Allah, ia Allah"*[5].

---

[5] Questo rituale fa capire, alle donne di casa e ai bambini, che stanno per entrare in casa uomini estranei, ma credenti in Dio e nei suoi comandamenti.

4
Il racconto annodato

L'abitazione è composta da un grande ingresso, dal quale si accede alle quattro stanze della casa, due a destra e due a sinistra rispetto all'entrata; sulla parete di fondo c'è una grande porta-finestra in metallo che dà sul cortile.

Sul lato sinistro dell'ingresso, nello spazio tra le due porte, è montato un telaio orizzontale fisso, caratteristico delle popolazioni Baluch ed Hezareh (Hezara).

I due subbi rotondi di legno, attorno ai quali girano i fili di lana uno accanto all'altro, in modo regolare e teso per formare l'ordito del tappeto, sono fissati con due travi di legno su ciascun lato a distanza prestabilita; i quattro angoli del telaio sono fissati con grandi chiodi d'acciaio. Da un filo grosso di cotone, agganciato a due chiodi sulle pareti laterali a più di due metri d'altezza, parallelo al subbio finale, pendono una decina di gomitoli di fili di lana diversamente colorati; il capo di ciascun gomitolo è sospeso sul subbio iniziale pronto per tessere il nodo su due catene di ordito adiacenti. La trama ferma le catene di nodi, e dà una struttura resistente al tappeto.

La stanza più grande della casa è situata sul lato sinistro dell'ingresso ed ha una grande finestra verso il cortile; per accedervi gli ospiti debbono passare accanto al telaio.

Azar, la giovane figlia di Kuroshi, ha già iniziato a tessere i primi fili di nodi di un nuovo tappeto; ora si trova in piedi, appoggiata alla parete, vicino al suo telaio. È una giovane donna, alta, magra, atletica, dai grandi occhi neri e profondi, le ciglia lunghe; la pelle è vellutata e abbronzata; solo il bel viso allungato e le mani dalle dita affusolate sono visibili. Gli occhi brillanti e penetranti contrastano con un sorriso triste sulle labbra.

Veste un mantello marrone scuro, largo e lungo, che arriva alle caviglie, e sotto porta un paio di pantaloni larghi e neri. Indossa un maqnee nero che le nasconde i capelli e il collo, e copre ampiamente le spalle. Due ciuffi di capelli corvini, lucidi e ondulati, sporgono dal copricapo.

Sotto il maqnee sfoggia un'appariscente corona, formata da tre fili diversi (di perle, di turchese e di corallo), dai quali pendono alcuni ornamenti. Al centro della fronte c'è un monile a forma di luna con le teste di un drago e del mitico Simorq[6], il gigantesco volatile delle favole satiriche persiane, eternamente in lotta con il drago; il ciondolo, probabilmente d'argento bagnato in oro, è contornato da sedici piccole pietre rotonde verde-smeraldo, rosa corniola e rosso rubino. Numerosi ciondolini in fila continua formano un bel motivo sulla fronte della ragazza.

Sulla narice sinistra è fissata una rosa con sedici petali, ornata al centro da una piccola pietra rotonda di corniola; da questa pende una catenina d'argento (che termina nel lobo forato dell'orecchio) con alcuni ciondolini romboidali uguali a quelli della corona.

Pur appoggiata alla parete, ha l'atteggiamento di una ragazza sportiva e atletica. Rimaniamo colpiti dalla sua particolare bellezza.

---

[6] È un uccello mitologico: in lingua farsi significa "trenta uccelli".

Salutiamo con un cenno della testa le signore di casa Kuroshi: "*Salam Alikom khanom*". Sia la mamma che Azar rispondono al saluto.

Kuroshi, vedendoci fermi davanti al telaio, dopo un attimo di silenzio accenna: "Questa è mia figlia Azar. È lei che crea il soggetto del disegno ed esegue la lavorazione del tappeto con l'aiuto della madre."

La moglie di Kuroshi, in piedi davanti alla porta della grande stanza, sussurra a suo marito: "Dica loro di accomodarsi nella stanza. Il tè è pronto."

"Lotfan befarmaid"[7].

Seguiti dal signor Kuroshi, entriamo nella sala, semplice e priva di arredi. Due kelim Hezareh, stesi uno accanto all'altro, coprono tutto il pavimento; alle due pareti laterali sono appoggiati alcuni grandi cuscini (poshti), rivestiti di kelim e tappetini Hezareh usati come poggia-schiena.

Al centro della stanza il tappeto afgano, oggetto della nostra visita, è steso sui kelim.

Rimango stupito: un disegno del genere non l'ho mai visto.

Privo di un cartone esecutivo, come si usa per i tappeti floreali, è nato nello stesso modo in cui viene creato un quadro dal pennello del pittore. Contrariamente a tutti i tappeti tribali che hanno un motivo geometrico ripetitivo, quest'esemplare racconta la storia di un'invasione, di una resistenza popolare e di un esodo drammatico di milioni di

---

[7] Per favore, accomodatevi.

esseri umani. Attraverso i suoi motivi, i simboli, gli oggetti (tra cui colonne di automobili, mezzi militari ed armi, persino carri armati, elicotteri, missili terra-terra e terra-aria) è rappresentata la tragedia di un popolo.

La tessitrice non ha ritenuto sufficiente intessere i tradizionali simboli orientali per raccontare il suo dramma: ha voluto creare nuove immagini, mai viste prima, per descrivere il suo stato d'animo e la sua vicenda familiare e personale.

Un tappeto, sì, ma una vera opera d'arte, per denunciare il dramma dei popoli che vivono insieme da secoli in Afghanistan.

[Segue, fotografia del tappeto di Azar: "Afgano, Hezareh (Hezara), 200 X 115 cm, ordito, trama e vello (nodi) in lana. Datazione: 1981.]

Figura 6 Tappeto afgano, Hezareh di Azar, cm. 200 X 115.

5
Il disegno ed i simboli al posto delle parole

Kuroshi, indicando i cuscini posti su alcuni grandi *kelim* che coprono tutto il pavimento, ci dice: "Accomodatevi, il tè è pronto."

Prima di entrare nella stanza ci togliamo le scarpe; ci sediamo sui *kelim* appoggiandoci ai cuscini, con le spalle alla parete di fronte alla porta. I cuscini sono decorati con tappetini *poshti* beluci a disegno geometrico, con i *Gol* Hezareh.

Kuroshi, come padrone di casa, si siede vicino alla porta, di fronte a noi, anche lui appoggiandosi ad un cuscino. Ha accanto il samovar elettrico d'ottone che sta bollendo. Un tessuto bianco copre la teiera di porcellana per completare la fusione del tè.

"Gradite il tè forte o leggero?" chiede Kuroshi.

"Per me leggero, grazie" rispondo.

"Medio, grazie" sorride Ebbi.

Il nostro ospite versa prima un po' di tè nei bicchierini e poi aggiunge dell'acqua bollente dal rubinetto del samovar per renderlo più leggero. Appoggia i bicchierini davanti a noi e porge una zuccheriera contenente zollette di zucchero bianco. Ringraziamo di nuovo.

Poi, riempiendo il suo bicchiere, ci informa: "A me piace il tè forte".

Ognuno di noi prende il bicchierino nel palmo della mano destra e lo passa in quello della sinistra, poi ancora nella destra e così via, fino a quando la temperatura del bicchierino si avvicina a quella del corpo. Prendiamo una zolletta di zucchero e cominciamo a sorseggiare il tè; la bevanda ci disseta e ci permette di rilassarci dopo il lungo viaggio: è evidente dallo sguardo e dalla distensione dei muscoli del nostro viso.

Il tappeto di Azar è lì davanti a noi, al centro della stanza. Comincio ad esaminarne i particolari e cerco di interpretarne il disegno.

Ha una dimensione di 2 metri di lunghezza per 1,20 di larghezza, quella che in gergo commerciale si chiama *Qalicè* in persiano e *Sejadeh'* in turco.

Affascinato dall'originalità dei motivi espressi, mi lascio trasportare nella disamina del tappeto.

L'ordito, la trama e i nodi sono interamente di lana, quello che in termine tecnico si chiama "lana su lana".

La bordura è composta da una fascia racchiusa tra due sottili greche costellate da piccoli soli zoroastriani a forma di girandola.

Il fondo della bordura è di colore avorio-crema con motivi molto particolari: nella parte superiore e in quella inferiore si trovano sei enormi batterie antiaeree di vari colori, intercalate con altrettanti missili portatili Stinger; lo spazio rimanente è occupato dai soli zoroastriani.

"Fantastico!" esclamo.

Le fasce laterali della bordura mostrano, alternati, sei elicotteri, sei batterie antiaeree e sei coppie di *Stinger*[8] di vari colori. Nello spazio libero, ancora piccoli soli zoroastriani.

Il mio stupore aumenta con lo scorrere dei motivi rappresentati; penso alla sofferenza patita da Azar e dai suoi familiari quando sono stati costretti a lasciare la propria casa, la propria patria e a rifugiarsi in un paese straniero. Vedo in quei mezzi di guerra e di distruzione, disposti in sequenza così incalzante, il dolore di un popolo. La ragazza ha saputo esprimere con i fili di lana il suo tormento e la tragedia vissuta.

Altri ornamenti riempiono gli spazi laterali, tra un armamento e l'altro: rombi formati da sedici rombi più piccoli, e numerose '*mano di Fatima*'.

Continuo a 'sfogliare le pagine del tappeto', passando in rassegna i simboli, che qui sono mescolati agli armamenti russi: simboli che raccontano una vita vissuta tra guerra e pace, tra distruzione e speranza di vita agiata, tra fede e resistenza.

Anche Ebbi, pieno di meraviglia, conferma la mia impressione.

"Il sole zoroastriano, a forma di girandola o di fiore a quattro petali, è il simbolo principale della vita, e i petali ne rappresentano i quattro elementi principali: aria, acqua, ter-

---

[8] Stinger è un missile americano terra-aria spalleggiabile, a ricerca di calore.

ra e fuoco. Il rombo, a sua volta, è un motivo geometrico a quattro angoli, che rappresenta anch'esso gli elementi primordiali: i punti cardinali, le quattro stagioni e le quattro settimane del mese".

Continuo lo studio del tappeto.

"Guarda qua" e mostro il simbolo *S*. "Rappresenta il serpente e il drago, e invoca, sin dai tempi antichi, la protezione dagli incendi e dai terremoti. È l'evoluzione degli antichissimi mostri leggendari, come Vishap, il serpente-pesce dei laghi d'Armenia; miti creati nei millenni passati dalle genti che abitavano in quelle terre, e sopravvissuti nella memoria collettiva della popolazione che, in epoche successive, migrando in altre aree, li ha diffusi".

Azar, che fino a quel momento è stata in silenzio, decide di intervenire. "Quei simboli sono un augurio di protezione dagli effetti nefasti dei bombardamenti degli aerei sovietici e dai mitragliamenti degli elicotteri da combattimento che seguono a questi attacchi" spiega.

"C'è anche il simbolo della doppia mano di Fatima a forma di ascia bipenne." intervengo "È l'emblema della religione dualistica del Mazdeismo, a sua volta derivata dall'antica fede zoroastriana; attraverso questo simbolo viene comunicata la dicotomia del potere temporale e divino, capace di generare il bene e al contempo di causare la distruzione. Il simbolo, che assomiglia a una clessidra, è lo strumento misuratore del tempo prima dell'invenzione dell'orologio".

"La rappresentazione ripetuta di questi simboli antichi invoca la protezione e l'augurio di pace e tutela per la mia famiglia, per la tribù e l'umanità intera" continua Azar.

È piacevole ascoltare la sua voce mentre dà spiegazioni del suo lavoro; in seguito quel tappeto avrebbe espresso un dramma ancora più intenso.

Azar e la madre si alzano ed escono dalla stanza.

Io intanto passo ad ammirare il campo[9] del tappeto: un rettangolo di colore blu scuro, privo dei soliti quattro cantonali[10] e diviso in due parti quasi speculari.

Vi figura un grande tavolo color avorio a forma di bara, tappezzato ovunque da "S"; sul tavolo-bara sono posizionati due grandi *golabdani* contrapposti, di colore rosso rame, simbolo del lutto.

"Non c'è modo più efficace per esprimere gli effetti devastanti della guerra" commento; ma comprendo che qualcosa mi sfugge, qualcosa di più penoso di cui non sono a conoscenza.

Ai lati del tavolo ci sono due grandi vasi fioriti, da ognuno dei quali sporge una palma, simbolo di vita eterna; un vaso fiorito più piccolo, anch'esso con una palma, è appoggiato sul tavolo tra le due brocche d'acqua di rosa.

---

[9] Il disegno del tappeto orientale, di solito, è formato da una cornice, o bordura, e da un campo. In altre parole il tappeto persiano è un quadro da stendere sul pavimento: la sua bordura ha la funzione di cornice e il campo sostituisce il quadro.

[10] L'ornamento degli angoli del campo è il cantonale del tappeto. In alcuni tappeti il motivo centrale, detto anche medaglione centrale, viene diviso in quattro parti eguali e riprodotto nei quattro angoli del campo.

Al centro del tappeto campeggiano due enormi carri armati color avorio, rosso e verde, con la scritta *Tank*[11] in carattere *farsi*, e tra essi è raffigurato un vaso fiorito con il salice piangente, simbolo del lutto per eccellenza.

Una colonna di cinque automobili di vari colori marcia verso destra e delimita la metà inferiore del campo; sopra la colonna, in alfabeto arabo e persiano, è scritto: "*La elaha ellallah*" "Non c'è Dio al di fuori del Dio unico Allah", la preghiera che viene ripetuta durante il corteo funebre.

Nella metà superiore del campo sono riprodotti esattamente gli stessi motivi. Ne risulta un medaglione centrale formato da due coppie di carri armati con il vaso fiorito, due colonne d'automobili e due righe di scrittura (tessuti in posizione non speculare).

---

[11] Tank = carro armato.

6
La storia di una fuga

Dopo aver guardato a lungo il disegno e i motivi del tappeto, Ebbi e io ci scambiamo uno sguardo; pieno di commozione e senza dire una parola, muovo leggermente la testa e faccio un cenno di assenso e di soddisfazione.

"Gradite dell'altro tè?" chiede Kuroshi.

"Grazie, il primo bicchierino è stato molto gradito" risponde Ebbi sorridendo.

Porgiamo i bicchierini a Kuroshi che li riempie e, dopo aver versato del tè anche per sé, si siede di nuovo.

Guardo ancora il tappeto e, vista la complessità dei motivi rappresentati, chiedo: "*Hajaqa*, la combinazione dei motivi tradizionali, che sono di facile comprensione, con motivi e disegni di oggetti moderni, rende questo tappeto interessante ma di non facile lettura. Resto dell'idea che nessuno meglio della sua tessitrice, sua figlia Azar *Khanom*, possa spiegarlo in modo completo."

Kuroshi gira la testa verso l'ingresso e chiama a voce alta: "Azar *khanom*, i signori vorrebbero conoscere il significato dei disegni del tuo tappeto".

La signora Kuroshi e Azar tornano nella stanza e ci salutano di nuovo: "*Salam Alikom*"; siedono in terra accanto al samovar, appoggiandosi alla stessa parete dove è seduto Kuroshi.

Ci alziamo in piedi in segno di rispetto contraccambiando il saluto: "*Alikom Salam*".

Kuroshi ci chiede di accomodarci e poi, rivolto alla figlia, le spiega: "Come avrai capito dalla sua competenza, il signor Hossein è un mercante di tappeti orientali che opera all'estero, mentre il signor Ebbi è un commerciante all'ingrosso nel Bazar di Mashhad; sono colpiti piacevolmente dal tuo tappeto e vorrebbero che tu spiegassi il significato del disegno, che in parte rimane loro oscuro".

Azar arrossisce leggermente ed emozionata, ma con voce piuttosto alta, in un persiano chiaro e semplice, che rivela la sua istruzione, risponde: "Con questo tappeto ho voluto raccontare la storia mia personale, della mia famiglia e del mio paese. È una storia triste che colpisce nel profondo del cuore. Ciò che si prova è in ognuno di noi, ma i motivi rappresentano l'immagine di questa sciagura che rimane nel tempo. Non so quanto io sia riuscita nell'intento; in circostanze di vita normale non lo avrei mai messo in vendita. Purtroppo le condizioni di esiliati e le nostre necessità mi costringono a farlo".

Fa una pausa e poi continua: "Siete i primi commercianti a vederlo; di solito i nostri tappeti sono acquistati da intermediari e da piccoli negozianti di Taibad (Taybad) e Torbat-e-Jam. Approfitto della vostra visita per chiedervi gentilmente come interpretate a prima vista il disegno di questo tappeto".

Kuroshi, sorridendo, gira la testa verso la figlia e con una voce bassa e cortese le dice: "Cara figlia, non è gentile da parte tua fare questa domanda ai nostri ospiti".

"La signora Azar ha fatto una domanda ragionevole." obietto "Per lunghi mesi ha pensato e lavorato per creare un'opera del tutto inedita. Mi sembra naturale e legittima la sua domanda".

A sua volta Ebbi: "Io sono abituato ad osservare l'omogeneità del disegno, la gradualità e la conformità delle tinte, la qualità delle materie prime e infine la densità e la regolarità dei nodi. Certamente non è un tappeto tradizionale. Lo ritengo un disegno strano, fuori dagli schemi; ma nel complesso è bello, e soprattutto interessante. Può piacere a molti".

Per un attimo cade il silenzio. Azar guarda suo padre. Kuroshi sorride muovendo leggermente il capo in avanti e, con la mano destra protesa, il palmo rivolto in alto, la invita ad intervenire.

"Signori, la mia curiosità nasce dal desiderio di sapere cosa trasmette questo tappeto a prima vista a chi lo osserva" insiste Azar.

"Sappiamo che questo tappeto è stato tessuto da una profuga afgana in terra iraniana" rispondo. "Conosciamo anche la ragione di questo drammatico esilio. Detto questo, abbiamo interpretato il significato della maggior parte del disegno. Ciò che manca è la storia della vostra vita recente che, se desidera, ci può raccontare".

"La mia storia e le nostre vicende sono molto tristi e non è mia intenzione rattristare anche voi. Voi siete commercianti esperti, avete visto e trattato tanti tappeti; vorrei solo sapere quale sensazione provate guardandolo per la prima volta e quale messaggio vi trasmette" ripete la ragazza.

Cerco di spiegarmi meglio: "Il disegno di questo tappeto è molto complesso e non mi è del tutto chiaro. Il significato dei motivi tradizionali è facilmente comprensibile: gli armamenti militari e l'ingorgo delle autovetture in fila indiana, molto improbabili in questa regione, raccontano chiaramente di una guerra e di un esodo di massa. La presenza di altri motivi, come gli oggetti e gli elementi naturalistici, non mi sono del tutto chiari. Potrò avere le idee più chiare e dare risposte più esaurienti alle sue domande quando avrò conosciuto la storia della tessitrice del tappeto".

La signora Kuroshi, che fino a questo momento ha ascoltato in silenzio la nostra conversazione, interviene: "Tutte le volte che Azar racconta il suo e il nostro dramma giustamente si emoziona"; e rivolta alla figlia: "Ora racconta brevemente a questi gentili signori quali vicende abbiamo dovuto affrontare".

I grandi occhi di Azar ancor prima del racconto si riempiono di lacrime. Per non piangere in nostra presenza si alza e, uscendo dalla stanza, mormora: "Scusate, col vostro permesso torno più tardi".

La signora Kuroshi, una donna di una quarantina d'anni, è di carnagione bruna come la figlia; ha capelli neri anche lei, è più bassa di Azar e un po' più tarchiata. Un gran copricapo nero copre i capelli e il collo; anche lei indossa un mantello lungo e largo di color marrone scuro.

"*Hajaqa*" si rivolge al marito, "perché non raccontate voi quello che c'è successo? Io vado a preparare un po' di frutta".

Si alza ed esce dalla stanza.

Ebbi la ferma: "*Haj-bibi*, grazie. Non scomodatevi, non è necessario".

La signora Kuroshi replica: "Niente d'importante: un po' di cetrioli e meloni del nostro piccolo orto".

"Chiedo scusa. Non volevo assolutamente rattristare sua figlia con le mie domande" mi giustifico rivolgendomi alla madre mentre esce.

"Ci deve scusare lei." interviene Kuroshi. "Azar ha diciannove anni non ancora compiuti e ha già vissuto una grande tragedia. Vi racconto brevemente i fatti più importanti.

Nel dicembre del 1979, quando i russi invasero l'Afghanistan, mia moglie, i nostri due figli maschi (Sohrab di diciannove e Siavash di diciassette anni), mia figlia Azar, allora diciottenne e io, vivevamo tutti a Do-Ab. A quel tempo ero insegnante e direttore della scuola elementare della cittadina, situata a 54 chilometri a nord di Herat. Avevamo una bella casa in città, un frutteto e dei campi in un villaggio alle porte di Do-Ab. Nel tempo libero, con l'aiuto dei miei figli e di un paio di contadini, gestivo la fattoria. Azar era sposata da pochi mesi con Dariush, un bel giovanotto che fu anche uno dei miei più bravi alunni.

Dopo l'invasione militare della nostra provincia e la formazione del governo di Babrak Karmal a Kabul, molti giovani di Do-Ab risposero all'appello dei Mujahidin e salirono sulla montagna; tra questi, mio figlio Sohrab e mio genero

Dariush, che aderirono al movimento del "Leone del Panjshir", il leggendario Ahmad Shah Massoud.

Passate le festività di *nowruz*, il capodanno iranico del 21 marzo, ai primi d'aprile del 1980 i Mujahidin scesero dai monti e, dopo lunghi combattimenti, cacciarono i russi liberando Do-Ab.

L'indipendenza e la libertà durarono pochi giorni. La nostra cittadina è situata sulla principale strada che collega Herat a Mary, nel Turkmenistan sovietico. Mazar Sharif, nel nord del Paese, occupava una posizione strategica della quale i sovietici non potevano permettersi di perdere il controllo; perciò attaccarono Do-Ab, prima con aerei ed elicotteri, poi con carri armati e truppe di terra.

In previsione dell'imminente reazione delle truppe russe, portai la mia famiglia in un rifugio costruito sotto terra nella nostra fattoria. Prima di fuggire incontrammo mio figlio Sohrab e mio genero Dariush; li pregai di tornare in montagna, ma risposero che avevano ricevuto l'ordine, dal comando generale della resistenza, di non abbandonare le postazioni conquistate perché era in programma, a giorni, la liberazione di Herat. Rimasero così a difendere la città e le vie d'accesso, e caddero martiri tutti e due il 18 aprile 1980. Durante la notte recuperammo i loro corpi e quelli di altri quattro compagni, e demmo una degna sepoltura a tutti, con i vestiti che indossavano prima di morire.

Col ritorno dei russi e dei governativi, Do-Ab non era un posto sicuro per i familiari dei partigiani: in fretta e furia fummo costretti a fuggire, assieme ad altri parenti e simpatizzanti della resistenza, con poche cose trasportate a dorso dei cammelli, verso la frontiera con l'Iran. Viaggiammo verso ovest per sentieri fuori mano, nelle valli d'alta montagna dell'Hindukush e solo di notte. Impiegammo dieci giorni per percorrere la distanza di cento chilometri in linea d'aria, incontrando innumerevoli difficoltà."

Io ed Ebbi siamo completamente presi dal racconto di Kuroshi; si coglie nel nostro sguardo una maggiore considerazione e più rispetto verso questo valoroso capo clan Hezareh di Do-ab.

"Grazie per il suo racconto" soggiungo. "Siamo onorati di aver incontrato un uomo e una famiglia Hezareh di questo livello. Speriamo che il nostro paese, le autorità, i concittadini e le organizzazioni internazionali facciano tutto il possibile per rendere confortevole il vostro soggiorno in Iran". Poi, dopo un attimo di pausa: "Forse le nostre curiosità l'hanno annoiata".

E per rompere l'atmosfera, resa un po' pesante dal racconto, chiedo dell'altro tè.

"Lo verso subito" risponde Kuroshi.

Il samovar è regolato al minimo. Ogni tanto si accende lo spioncino rosso e poco dopo l'acqua ricomincia a bollire. Kuroshi riempie i bicchierini per tutti; poi aggiunge dell'acqua nel samovar da una brocca lì vicina.

Ma ho ancora molte domande da rivolgere a Kuroshi: "Come avete superato le difficoltà fra i monti rocciosi e disabitati? Cosa avete mangiato? Come vi siete difesi dagli attacchi degli aerei e degli elicotteri russi?".

Kuroshi sorseggia il suo tè continuando il racconto:

"Da secoli gli uomini e le donne Hezareh vivono nelle vallate e su questi monti; la vita tribale e pastorale, le esigenze di transumanza, anche se ora è solo stagionale, la fuga dal passaggio rovinoso degli eserciti invasori più potenti, la difesa militare del territorio, la caccia e infine il fenomeno diffuso del contrabbando, ci hanno reso familiare ogni angolo della regione. In quei lunghi dieci giorni ci siamo nutriti di pane secco e di grano tostato con un po' di sale, preparato dalle nostre donne prima di partire. Durante il viaggio ci siamo nascosti di giorno nelle grotte, presso le quali spesso si trovava una piccola sorgente d'acqua. I cammelli di cui ci siamo serviti per il viaggio sono animali addestrati e molto intelligenti, e abituati ad una piccola razione d'orzo serale. Prima dell'alba nascondevamo i carichi nei rifugi, lasciando i cammelli liberi di pascolare a valle, onde evitare di attirare l'attenzione dei piloti degli elicotteri e degli aerei, che spesso perlustravano i monti e le mulattiere. Verso sera, dopo il tramonto, scendevamo a valle e, con un richiamo vocale al quale i cammelli erano abituati da sempre, li radunavamo per dare loro la porzione di foraggio serale e ripristinare il carico. Alle prime luci del mattino alcune donne si curavano di raccogliere il lino da filato, le erbe medicinali e quelle commestibili. Alcuni uomini, a turno, imbracciavano il fucile per cacciare. Al levarsi del sole tutti ci ritiravamo nei rifugi e attendevamo il tramonto.

Dopo aver mangiato qualcosa gli uomini dormivano a turno. Stavamo all'erta costantemente, giorno e notte. Nel pomeriggio le donne, dopo aver pulito e selezionato le erbe medicinali e le commestibili, cominciavano a filare il lino raccolto, aiutate spesso dagli uomini. Il lino è un materiale molto apprezzato da queste parti.

Per ragioni di sicurezza ci mettevamo in viaggio solo di notte: i cammelli, legati l'uno all'altro da un cordone di cotone e guidati da un cammelliere, percorrevano il fondovalle; noi, disposti sui due lati della conca, procedevamo sulle colline e sui monti più in alto possibile, rimanendo costantemente paralleli alla fila dei cammelli.

Comunicavamo per mezzo di torce con luci colorate: l'accensione della luce rossa significava pericolo, e bisognava fermarsi e ripararsi dietro le rocce; la luce verde indicava il cessato pericolo, e si poteva riprendere la marcia. Per le altre comunicazioni ci servivamo della luce bianca, utilizzando l'alfabeto Morse; per fortuna in ogni gruppo c'erano uomini che durante il servizio militare avevano operato come telegrafisti; non disponevamo di radio ricetrasmittente, e questo metodo ci è stato molto utile, evitando oltretutto possibili intercettazioni.

La nostra carovana, tra donne, bambini e uomini, era formata da 35 persone; il grosso del gruppo (sul lato sud della valle) era composto da me, mia moglie Shirin, mia figlia Azar, mio figlio Siavash, dal mio amico e collega, il maestro Sirus Azadi, sua moglie Nasrin, i figli Morad e Babak, due giovani ex militari, e la deliziosa figlia sedicenne Neda (la fiamma segreta di Siavash), dai miei nipoti

Mahbod e Kambod Kuroshi, e da altri miei familiari, con le donne e i bambini.

Sull'altro lato della conca vi era un gruppetto guidato da mio cognato Rostam, un sergente maggiore dell'esercito in pensione, padre di Mahbod e Kambod, e forte di quattro uomini giovani, capaci d'ingaggiare un combattimento con eventuali aggressori."

Dopo una breve pausa Kuroshi riprende il racconto.

"Rostam è di qualche anno più giovane di me; siamo cugini lontani e le nostre mogli sono sorelle. I suoi genitori, alla nascita, gli hanno dato un nome poco comune e molto impegnativo: si tratta dell'eroe leggendario dello Shahnameh, il *libro dei Re* o *Codice Regio*, l'opera epico-letteraria interamente scritta tra il 977 e il 1007 in poesia ritmica da Ferdowsi, padre spirituale della lingua Farsi Dari. Gli diedero questo nome perché appena nato era grosso e sua madre rischiò la vita nel metterlo al mondo; era maschio, tarchiato, con la testa grande ed il mento largo, con una piccola fossetta nel mezzo, proprio come l'eroe della Persia antica, descritto maestosamente da Ferdowsi. Infatti è cresciuto atletico e corpulento; porta una lunga barba divisa al centro del mento in due pizzi. È stato per molti anni campione di lotta libera, tiro a segno e corsa di cavalli nella Provincia di Herat. Per di più, il nostro Rostam ha diverse caratteristiche comportamentali simili al mitico eroe: è rispettoso nei confronti della gente civile ed è severo con i prepotenti d'ogni genere. È un uomo giusto; inoltre è molto coraggioso e, nell'affrontare il pericolo, prima usa la testa, poi la tecnica e infine la forza fisica come ultima risorsa; lui e il suo gruppo di quattro fucilieri, percorrendo il lato nord della conca, ci scortavano a distanza e ci proteggevano da eventuali attacchi o imboscate.

Eravamo costretti a prendere tutte queste precauzioni per evitare possibili agguati tesi dai soldati governativi, dai russi o semplicemente da gruppi di contrabbandieri e predoni armati; per tale ragione non riuscivamo a camminare per più di dieci o quindici chilometri per notte. Fortuna volle che le notti fossero illuminate dalla luna e dalle stelle, molto splendenti in questa parte del pianeta; inoltre le catene montagnose dell'Hindukush, nella regione di Herat, si estendono da est verso ovest, e di conseguenza era sufficiente inoltrarsi in una vallata o seguire il corso asciutto di un fiume verso ovest per arrivare al confine naturale irano-afgano, segnato dal fiume Hari Rud. Di là del fiume saremmo diventati profughi senza terra, ma avremmo evitato bombardamenti e arresti arbitrari; e, fatto più importante, saremmo rimasti vicini alla nostra provincia, in vista di un futuro ritorno a casa."

7
Lo scontro con i contrabbandieri di oppio

Kuroshi riprende il suo racconto:

"La probabilità d'incontrare sui monti una pattuglia di soldati afgani era quasi nulla, perché nel marzo 1979 i reparti stanziati a Herat si erano ribellati al governo filo-russo di Nur Mohammad Tarehki. Presero il controllo della provincia e in quell'occasione furono uccisi alcuni consiglieri militari e civili russi; in seguito, con l'aiuto dei russi, la città fu riconquistata.

Per combattere i ribelli il governo centrale non si fidava degli ufficiali e dei soldati afgani; i reparti militari russi erano impegnati nel controllo delle strade principali, delle frontiere, dei grandi centri urbani e nei combattimenti con i ribelli. Solo l'aviazione russa aveva il compito di controllare la campagna e i percorsi montuosi in direzione dell'Iran e del Pakistan; ecco perché, durante la fuga, di giorno avevamo paura degli attacchi aerei sovietici e di notte dell'assalto dei banditi o dei contrabbandieri.

Infatti nel terzo giorno della fuga, sul far della notte, ci raggiunse un gruppo di contrabbandieri d'oppio diretto verso il confine; la droga era trasportata sui cammelli che, condotti da un paio di cammellieri, percorrevano il fondo della valle. I contrabbandieri erano tutti uomini giovani e allenati, anche loro divisi in due gruppi; tenevano sotto controllo il carico percorrendo le alture ai due lati della conca.

La fortuna ha voluto che li sentissimo in anticipo: mettemmo al riparo i bambini e le donne e assumemmo una posizione di difesa dietro le rocce soprastanti i loro percorsi. Comunicai il pericolo proiettando la luce rossa verso il nostro gruppo sul lato nord della conca; risposero immediatamente con il medesimo segnale. Morad ci segnalò l'arrivo di un gruppo di persone, probabilmente contrabbandieri. Era una notte piuttosto chiara, illuminata dalla luce bianca della luna; rimasi in attesa che tutti i componenti del gruppo fossero arrivati sotto il tiro dei fucili e gridai ad alta voce: "Alt! Chi va là?"

Gli uomini del gruppo si fermarono immediatamente, buttandosi a terra e cercando riparo dietro un arbusto selvatico o una grossa pietra. Ad alta voce, e con tono deciso che rimbombava in quella stretta gola rocciosa, dissi in lingua Farsi Dari[12]: "State fermi, siete sotto il tiro dei nostri fucili".

Il loro capo rispose in lingua Pashtu[13]: "Cosa volete?"

"Che oltrepassiate velocemente e a distanza le nostre postazioni sui due lati e i nostri cammelli a valle, proseguendo per la vostra strada" risposi.

"Avete donne e bambini con voi?" chiese.

"Vi sono anche uomini armati di fucili sui due lati della conca". In tal modo zittii qualche malintenzionato.

---

[12] La lingua persiana parlata nella corte dei Re Samanidi, che liberarono le regioni orientali della Persia dal dominio arabo.
[13] La lingua Pashtu è parlata dai Pashtun, abitanti delle regioni orientali e meridionali dell'Afghanistan e dell'area nord-orientale del Pakistan. È una delle due lingue ufficiali dell'Afghanistan.

"Non siamo briganti. Stiamo trasportando oppio e andiamo di fretta. Fateci passare in pace" disse.

Risposi che lo avremmo fatto a condizione che i due gruppi si fossero avvicinati il più velocemente possibile alle nostre postazioni ed allontanati subito; inoltre che i loro cammellieri a fondo valle passassero a dovuta distanza dalla nostra carovana.

"Come possiamo esser certi che non ci sparerete contro?" chiese il loro capo.

Replicai con un tono rassicurante che eravamo un folto gruppo di profughi accompagnati dalle nostre famiglie e destinati ad un campo allestito dal governo iraniano. Dissi anche che la droga non era di nostro interesse e che se avessimo avuto cattive intenzioni avremmo agito diversamente, con un attacco a sorpresa e armi alla mano.

Come risposta ricevemmo ringraziamenti e un augurio di buona fortuna: "*Salam alikom*, la pace sia con voi".

Li lasciammo passare e comunicammo a Rostam di fare altrettanto; il gruppo sul mio lato era composto da dodici uomini ben armati, con fucili automatici di precisione e kalashnikov; anche dal lato di Rostam il gruppo era equipaggiato allo stesso modo.

Ordinai a Morad e Babak di seguirli a distanza con discrezione, per essere certi che non ci preparassero brutte sorprese.

Restammo fermi in quella postazione un quarto d'ora e poi continuammo il cammino; quando raggiungemmo i nostri ragazzi, Babak ci informò che i contrabbandieri avevano proseguito spediti per la loro strada per non essere fermati dai Pasdaran[14] iraniani; probabilmente erano attesi da qualcuno oltre confine."

Kuroshi si prende un attimo di pausa e io ne approfitto per chiedergli alcune informazioni sui trafficanti.

"Scusi Kuroshi, il suo racconto è molto interessante e non la voglio interrompere, ma la curiosità è forte. So che l'Iran paga un alto prezzo nella lotta alla droga, perché ogni anni circa 5.000 appartenenti alle varie forze dell'ordine rimangono uccisi. Di conseguenza dovrebbe essere difficile e pericoloso anche per i trafficanti l'attraversamento di questo paese; per quale ragione questo flusso non diminuisce?"

"Il consumo mondiale dell'oppio si aggira attorno alle 5.000 tonnellate" risponde Kuroshi.

"Oggi vengono coltivati a oppio 120.000 ettari di terreno, che danno lavoro a quasi due milioni e mezzo di contadini; la maggior parte dei terreni è dislocata nella parte occidentale del paese, e ciò spiega il traffico tra le zone montuose dell'Iran settentrionale, la strada più breve per raggiungere i porti turchi e quindi l'Italia e l'Europa (strade usate poi anche dai clandestini in cerca di vita migliore).

Fino a poco tempo fa l'oppio veniva trasformato in Italia o in Francia, ma oggi si preferisce acquistare il prodotto già trasformato, perché si corrono meno rischi lungo tutta la filiera.

---

[14] I guardiani della rivoluzione della Repubblica Islamica dell'Iran.

Consideriamo che dieci chili di oppio producono un chilo di eroina; quindi da un costo totale di 900 dollari al chilo (materia prima e trasformazione) si arriva ai 90.000 dollari al chilo per il prodotto finito (eroina e morfina); in pratica il valore d'acquisto aumenta di cento volte.

In effetti le 500 tonnellate di eroina e morfina prodotte in Afghanistan vengono vendute al dettaglio a oltre 45 miliardi di dollari (quattro volte il prodotto interno lordo afgano), mentre ai contadini vengono distribuiti circa 400 milioni di dollari, cioè 180 dollari a testa (senza contare il pizzo usuale al capo clan).

Con questa massa di denaro a disposizione le organizzazioni criminali condizionano non solo il governo locale, ma anche quello nazionale.

I narcotrafficanti spesso sono i capi clan chiamati "I signori della guerra", e controllano altri settori redditizi quali l'edilizia, gli appalti pubblici e il traffico dei clandestini verso l'Europa; inoltre incassano denaro sotto forma di tangente dai coltivatori, dai mediatori, dai commercianti e dai titolari dei laboratori di trasformazione".

Kuroshi continua nella sua spiegazione: "Anche il clero e i Mullah afgani, spesso e direttamente, riscuotono il *Khoms* e lo *Zakāt*[15]; della raccolta destinata ai musulmani bisognosi. Di queste imposte sul reddito e patrimoniale, una parte va al clero ed il restante deve essere distribuito ai fedeli meno

---

[15] Khoms, un quinto del reddito e Zakāt nella misura del due e mezzo per cento per il possesso dell'oro e dell'argento e il dieci percento della raccolta dei cereali, devono essere pagati dai contribuenti benestanti al clero mussulmano per la distribuzione tra i poveri.

abbienti: in sostanza anche il clero partecipa alla divisione della torta ottenuta dalla coltivazione dell'oppio.

Infine, quando al termine della raccolta dell'oppio, nel mese di settembre, gli emissari dei capi clan passano a raccogliere il pizzo, ricordano ai contadini che in Afghanistan gli imperi vanno e vengono, ma i clan restano: è un monito che non lascia dubbi sul suo significato intimidatorio. Se in questo paese non nasce un sistema di governo federativo e democratico, naturalmente con l'impegno degli afgani e con l'aiuto dell'ONU, esiste un serio pericolo che diventi un narco-Stato; solo la certezza della legalità e la sicurezza in questo Stato, potrà recare beneficio alla stragrande maggioranza degli abitanti e alla comunità internazionale".

Mi viene spontaneo di ribadire: "Ecco perché il patto tra le mafie occidentali e quelle mediorientali è sempre saldo e costante, nonostante le discordie tra i governi dei vari Paesi." "In questo campo non esistono né boicottaggi né sanzioni" interviene Ebbi "È un commercio che tira sempre e non conosce né la crisi né la guerra. La lotta ai narco-trafficanti è possibile solo con la cooperazione di tutte le nazioni interessate al problema, per una questione di legalità, di democrazia, di progresso sociale ed economico delle nazioni."

Interviene Kuroshi: "La lotta ai narco-trafficanti è possibile solo nell'ambito dell'Organizzazione delle Nazioni Unite, e con i rapporti solidali tra gli Stati confinanti e quelli occidentali, dove questi prodotti sono maggiormente commercializzati e consumati. La lotta a questi cartelli, oltre ad essere una questione di sicurezza interna dei paesi dove essi hanno attività criminose, è soprattutto una lotta vitale per la legalità e la democrazia, condizioni indispensabili per il progresso sociale ed economico di una nazione".

Aggiungo io: "Gruppi mafiosi che gestiscono il traffico e la distribuzione della droga in Europa e Nord America, con le loro disponibilità di uomini, armi ed ingenti capitali, rappresentano un serio pericolo per la legalità, la sicurezza, la democrazia ed il benessere della popolazione. Un esempio è dato da ciò che accade nelle regioni meridionali dell'Italia, dove queste organizzazioni sono influenti, con un terzo della popolazione che vive sotto il livello della povertà. In mancanza di attività produttive, la disoccupazione è drammatica, in particolare quella giovanile. Non esiste il rispetto per l'ambiente: verdeggianti valli e magnifiche colline vengono selvaggiamente cementificate. L'estorsione è dilagante, e tutti i titolari di attività, piccole o grandi, devono soggiacere alle intimidazioni e alle prevaricazioni. Il loro codice di comportamento impone di gettare la rete in mare e prendere tutti i pesci, piccoli e grandi. In questo modo le organizzazioni controllano anche una buona parte del corpo elettorale. Attraverso il loro sporco denaro proveniente dalle attività illecite, i malavitosi promuovono infiltrazioni mafiose anche nelle province sane e produttive del paese, con l'acquisto di immobili che rimangono spesso vuoti. In questo modo contribuiscono allo spreco del territorio e del patrimonio collettivo dei terreni agricoli.

Con metodi criminali come l'usura, acquistano anche le attività commerciali ed industriali, penetrando nel tessuto socio-economico dei Comuni. Una volta stabiliti in zona, rendono difficile la libera concorrenza, praticando l'estorsione e l'intimidazione. A chi non accetta le loro condizioni bruciano la macchina, il negozio, la fabbrica, la casa. Talvolta uccidono anche persone oneste e coraggiose che rifiutano di pagare il pizzo. Ecco perché il commercio della droga è un grande problema anche nel continente Europeo.

Per questa ragione occorre che i parlamentari trovino il coraggio di legalizzare la distribuzione e il consumo della droga con leggi idonee, proponendo questi provvedimenti al giudizio popolare attraverso i referendum.

Così si aiuta la popolazione ad avere più pace e sicurezza e i governi ad avere più introiti fiscali. Inoltre è necessario porre fine al dominio dei cartelli dei narco-trafficanti nei paesi produttori di oppio e di cocaina. Quando i paesi ricchi completeranno questo passo, si potrà sperare di avere la legalità e la democrazia anche in un paese come l'Afghanistan".

8
Battaglia con i contrabbandieri di oppio

Kuroshi continua il suo racconto:

"Nella quarta notte continuammo il nostro cammino difficile e faticoso tra le rocce e le piante spinose; per di più incontrammo una nuova difficoltà imprevista. Era quasi l'alba e non trovavamo alcuna sorgente per reintegrare le nostre riserve d'acqua; per giunta, il giorno precedente era stato particolarmente caldo, e avevamo consumato buona parte di quella che trasportavamo a dorso di cammello nei *mascec* (*mashk*), piccoli recipienti ricavati dalla pelle di una capra.

Con le prime luci del giorno, incontrammo una profonda gola tra due enormi rocce; decidemmo di fermarci comunque e di ripararci dagli eventuali attacchi aerei. Per prima cosa razionammo l'acqua e mettemmo i *mashk* sotto il controllo delle guardie di turno.

Nei nostri altipiani, spesso circondati e attraversati dalle catene montuose, c'è molta terra e poca acqua, perché i fiumi sono generalmente stagionali; i villaggi e le città sono chiamati *Abadi*, e sorgono dove si può trovare l'acqua (*Ab*). In un centro abitato ci possono essere uno o più pozzi, oppure una sorgente; altra fonte idrica importante sono i *Qanat*.

Poiché, per evitare il pericolo d'incontrare le pattuglie russo-afgane, avevamo accuratamente evitato i centri abitati, non ci restava che trovare una sorgente naturale o un ruscello originato dallo scioglimento delle nevi.

Ci rendemmo conto che anche i gruppi dei trafficanti di droga dovevano trovarsi nelle nostre condizioni, e perciò le nostre riserve d'acqua potevano costituire un'attrattiva pericolosa. Rinforzammo le guardie e riducemmo la durata dei turni, per rimanere sempre allerta. Poi cercammo di riposare un po'.

Al calare del sole, all'inizio della quinta notte di cammino, io e altri tre uomini stavamo radunando i cammelli per foraggiarli e per caricare i bagagli e i *mashk* d'acqua, mentre altri sorvegliavano l'area.

All'improvviso sentimmo un susseguirsi di spari sul lato dove era posizionato Rostam; mi gettai immediatamente a terra e cercai riparo tra i cammelli che, al rumore degli spari, si agitarono e si alzarono, facendo cadere i carichi. Fortunatamente i *mashk* non caddero a terra. In quegli attimi di grande confusione e di paura, vidi la luce rossa di Rostam che comunicava il perdurare del pericolo.

Seguì un putiferio. Ci fu uno scambio di colpi di fucile, di kalashnikov e di pistola tra i nostri e gli attaccanti che seguivano la nostra stessa strada.

Noi quattro preferimmo non sparare, finché non fosse stato necessario. Facemmo questa scelta per non spaventare maggiormente i cammelli e mettere in serio pericolo la loro vita. Qualora avessimo sparato anche noi, gli attaccanti avrebbero risposto, e sicuramente, considerando l'enorme statura del cammello, avremmo rischiato di perdere qualcuno dei nostri vitali compagni di viaggio. Cercammo con ordini secchi di allontanare i cammelli in direzione opposta e di sdraiarci a terra. Con i fucili in mano ci riparammo dietro qualche grossa pietra.

Ero preoccupato per le nostre donne e per i bambini, ma qualcuna di loro addirittura rispondeva al fuoco con una pistola, mentre le altre, acquattate al riparo, incitavano i loro uomini e intimorivano gli attaccanti con il tradizionale suono *Hal-hale* (quell'urlo che le nostre donne fanno muovendo velocemente la mano davanti alla bocca).

I contrabbandieri, attratti dalle nostre riserve di acqua e di cibo e dai nostri bagagli, avevano contato sull'effetto sorpresa, ma la pronta reazione di Rostam li costrinse ad una frettolosa ritirata, lasciando sul terreno due morti, un missile Stinger e un kalashnikov.

Chiesi a Babak e a Rostam se c'erano perdite o feriti, ma risposero che, per fortuna, nessuno si era fatto male.

Rostam scese dalla collina e si avvicinò sorridendo: "Caro cugino, hai visto? Oggi l'esperienza dello *Sciahanscià*, il Re dei Re Serse[16], ci è stata utile. Se non fossimo stati appostati in alto sui due lati di questa gola, al posto di questi due ragazzi ci saremmo trovati noi.

---

[16] Il riferimento è alla battaglia delle Termopili - 9–11 agosto 480 a.C. -, quando alcune centinaia di spartani piazzati nella gola riuscirono a fermare per tre giorni l'invasione di Serse, causandogli pesanti perdite. La loro resistenza permise ai restanti 6.200 soldati greci di arretrare verso Atene, finché le truppe di Serse, aiutate dalle guide locali, riuscirono a trovare le vie alternative per aggirare il passo.

"Sì, la nostra non è soltanto una fuga dalla nostra terra, ma una vera un'operazione militare; perciò dobbiamo usare tutte le precauzioni per raggiungere sani la destinazione" risposi. Salutai Rostam ringraziandolo: "Dio vi protegga".

Mi avvicinai ai caduti con il fucile in mano. Vidi a terra due ragazzi sui vent'anni. Erano alti di statura ma asciutti di corporatura, quasi pelle ed ossa. Avevano visi assolati e capelli lunghi e disordinati. Dalla fisionomia e dal vestiario, sembravano dei pashtuni. I loro abiti, camiciona larga di cotone bianco, lunga fino sopra le ginocchia, e i loro pantaloni, erano di cotone pesante. Oltre ad essere bagnati di sangue, erano sporchi e lerci di sudore. Segno che mancavano da parecchi giorni da casa. Indossavano sopra la camicia un gilet di lana. I loro lunghi turbanti bianchi di cotone erano caduti a terra e giacevano con i loro corpi in un bagno di sangue.

Gli uomini rimasero a vegliare sulle alture, ma le donne scesero giù a valle. Mi si avvicinarono Azar, sua madre Shirin e Neda; avevano gli occhi bagnati di lacrime: "Anche questi ragazzi hanno mamme e sorelle. Sono battezzati musulmani. Non possiamo lasciarli così, a terra, per essere sbranati dai lupi e dagli sciacalli. Dobbiamo dar loro una degna sepoltura".

Risposi che rischiavamo di essere nuovamente attaccati, ma pensai che quello che dicevano era giusto; mi consultai con gli altri uomini del gruppo e decidemmo di fare come proponevano le nostre donne. Noi uomini recuperammo i badili che avevamo sui carichi dei nostri cammelli e cominciammo a scavare una fossa in direzione della Mecca. Le donne più anziane recitavano i versetti corti del corano; le donne più giovani e le ragazze cominciarono a raccogliere i sassi per comporre la copertura sulle tombe dei due ragazzi morti in battaglia, di cui non conoscevamo neppure i nomi. Riuscimmo a fare tutto in pochi minuti; prima di sistemare le salme nella fossa, controllammo se avessero dei documenti: nelle profonde tasche dei loro camicioni trovammo solo del grano tostato con sale e qualche noce e mandorla. Dopo la preghiera collettiva di circostanza, li seppellimmo nella fossa; coprimmo le loro salme con terra e pietre, in modo che fosse evidente che erano due tombe.

Non occorreva lavare le salme ed avvolgerle in un tessuto bianco, perché si trattava di persone cadute durante una battaglia. E poi la preghiera della cerimonia della sepoltura, in tutte le circostanze, è estremamente breve; i partecipanti non devono lavarsi le mani e il viso, non devono piegarsi, inginocchiarsi ed appoggiare la fronte sul pavimento, come nelle preghiere quotidiane. Basta comporre le salme in direzione della Mecca, formare una o più file, con le donne e gli uomini separati, sempre in direzione della Mecca. Prima si ripete per tre volte la preghira *Al Salat*, e poi per cinque volte si ripete *Allah o Akbar*, Dio è grande; infine si prega per la pace dell'anima del defunto.

Dissi a Mahbod e Kambod di recuperare il missile portatile, il mitragliatore e le munizioni; ci potevano essere utili fino al passaggio della frontiera iraniana.

Radunammo di nuovo i cammelli, recuperammo in fretta i bagagli e li caricammo. Visto l'accaduto, chiesi a Mahbod e Kambod se si sentivano di scortare la carovana dei cammelli che percorreva il fondo valle; pur essendo un compito pericoloso, perché più esposto all'attacco del nemico, accettarono di buon grado. Raggiunsi i componenti del mio gruppo sulle alture e ricominciammo la nostra *fuga della speranza* in direzione della frontiera iraniana.

Eravamo al massimo dell'allerta. I due uomini incaricati della sicurezza, posti in fondo alla fila indiana per tenere sotto controllo la retrovia, camminarono a turno sempre indietro rispetto al gruppo.

Prima di partire mangiammo un po' di pane sottile ed essiccato, con poco formaggio fresco conservato sotto acqua e sale, e le erbe fresche raccolte all'alba da Azar e Neda. Mettemmo in tasca un pugno di grano tostato con sale, da masticare durante la marcia per contenere la fame. Ma questi cibi fanno venire sete, e anche camminare per lunghe ore, sudando e faticando, causa sete.

L'acqua era razionata; solo Siavash teneva alla sua cintura un piccolo recipiente: aveva il compito di bagnare le labbra dei componenti del nostro gruppo. Lo cercavano e lo chiamavano tutti e lui spesso rispondeva: "Per favore aspettate ancora un po', arrivo da voi tra qualche minuto". Ogni tanto guardavo indietro, e spesso lo trovavo attorno a Neda, che era in fila tra sua madre e Azar.

Affidai il comando della fila indiana a Morad per avvicinarmi ad Azar; le dissi sottovoce: "Spero che questo viaggio vada bene. Siavash non riesce a staccarsi per un attimo da Neda. Spero che non mi metta in imbarazzo con Sirus, che è un mio amico d'infanzia.

Azar mi disse che, a dispetto della loro tenera età, l'amore tra i due ragazzi era vecchio, profondo e reciproco: "Neda mi parla spesso dei suoi sentimenti per Siavash".

Le sussurrai all'orecchio: "Se le circostanze lo permetteranno, durante la nostra prossima sosta, parleremo di quest'argomento in famiglia".

"*Babà gian*, ottima idea", rispose Azar.

Tornai di nuovo alla testa del nostro gruppo. Verso l'alba, nel silenzio della montagna, sentii il rumore dell'acqua che scendeva lungo un piccolo ruscello; avvisai i membri del mio gruppo e comunicai immediatamente la notizia a Rostam. Ordinai di fermarci qualche minuto per bere, lavarci, abbeverare i cammelli e riempire i *mashk*.

La gioia era enorme e generale; fu quasi una festa. Le donne chiesero di fermarci proprio vicino al corso d'acqua; lavammo a turno le mani e la faccia, bevemmo dell'acqua fresca. Riempimmo i *mashk* e i nostri recipienti portatili.

Sapevamo che, dopo decine di chilometri di carenza assoluta d'acqua, quel luogo sarebbe potuto essere idoneo per un agguato; di conseguenza trovammo un rifugio distanziato dal ruscello e in posizione dominante sulla vallata, per nasconderci ed essere al riparo da attacchi a sorpresa. Liberammo i cammelli che trovarono acqua in quantità sufficiente ed erba fresca da mangiare. Chiesi alle guardie di turno di tenere ben aperti gli occhi e di stare allerta."

9
Matrimonio in un rifugio di fortuna

"Il racconto di Kuroshi si arricchisce di nuovi particolari; siamo tutti in silenzio e attendiamo di conoscere la fine di quel lungo viaggio.

"Nella gola, tra due cime, trovammo delle grotte che dominavano la zona della sorgente e la conca dove pascolavano i cammelli; ogni gruppo familiare aveva occupato una grotta. Raccogliemmo un po' di legna e piantine grasse spinose essiccate per riscaldare l'acqua in un bricco d'acciaio e preparare il tè; Azar raccolse un po' di erbe aromatiche, una varietà selvatica di basilico, che cresceva ai bordi del ruscello. Shirin stese il kelim sul pavimento che io e Siavash avevamo pulito e livellato per sederci e sdraiarci a terra. Azar stese il *sofreh*, la tovaglia che aveva intrecciato a casa con tanto entusiasmo, per il suo corredo nuziale, nel periodo del fidanzamento con Dariush. Siavash, che curava il fuoco, annunciò che l'acqua del bricco bolliva. Shirin rispose: "Metti un po' di terra sopra il fuoco, per spegnere le fiamme e mantenere il calore"; poi curò la preparazione del tè.

Ci riunimmo attorno alla tovaglia: quel mattino, oltre al pane sottile essiccato, basilico selvatico, un po' di formaggio fresco in salamoia, Shirin ci porse un piccolo piatto di 'olio giallo', prodotto dal latte degli ovini; mangiammo la colazione e sorseggiammo il tè per aiutarci a masticare il pane secco.

Verso la fine della colazione, quando godevamo dell'ultima tazzina di tè, dissi a Siavash: "Caro figlio, che intenzioni hai nei confronti di Neda? Sai che, oltre ad essere una splendida e brava ragazza, è la figlia del mio migliore amico e collega. Non puoi assolutamente mancarle di rispetto".

"Caro babbo" rispose Siavash "io e Neda ci amiamo; ci siamo amati da sempre, da quando eravamo bambini e veniva a trovarci insieme ai suoi genitori nel nostro frutteto di Do-Ab. Avevamo programmato di sposarci quando avessi finito il liceo e trovato un lavoro. Intanto, anche lei sarebbe diventata maggiorenne e avrebbe finito la scuola magistrale. Durante questo viaggio, vivendo insieme e in stretto contatto, mi sono innamorato ancora di più; a volte non c'è bisogno di parlarci per pensare allo stesso argomento."

Shirin intervenne: "Siavash, ci puoi dire quali sono i vostri pensieri?"

"Madre, viviamo nel bel mezzo di una rivolta popolare e di una guerra; siamo in fuga dalla nostra patria e non sappiamo se arriveremo sani ad un campo profughi in Iran. Se uno di noi due venisse a mancare, chi resterà vivo di cosa dovrà pentirsi per il resto della vita?"

"Caro fratello" disse Azar "in natura tutto è più semplice. Due piccioncini appena adulti, prendono il volo insieme, costruiscono il loro nido e vivono beati e liberi. Noi umani ci siamo dati tante regole, alcune giuste e necessarie per la convivenza, ma tante altre superflue e soffocanti per la nostra libertà. L'essere umano è dotato d'intelligenza e di libero arbitrio. Se voi due credete nel vostro amore e avete fiducia reciproca, non vedo perché non dobbiate subito formare la vostra famiglia. Io ti capisco bene, ho perso il mio giovane marito poco tempo fa. Quante volte durante questo viaggio penso a lui. Quante volte penso al nostro giovanissimo fratello, caduto anch'esso in questa guerra partigiana senza aver sposato il suo amore. La tradizione vuole che i familiari tengano il lutto almeno per quaranta giorni e che passino dai tre mesi a un anno per poter celebrare una festa. Ma noi siamo in una situazione d'emergenza. È molto probabile che al nostro arrivo in Iran, in base alla disponibilità e capacità dei campi allestiti per i rifugiati afgani, il nostro gruppo venga separato per nuclei familiari. Se volete sposarvi ora, è necessario il consenso e la firma del padre di Neda sul verbale del matrimonio, per essere valido anche in Iran, perché lei non è ancora maggiorenne. Ma se i signori Azadi acconsentono e il babbo redige il verbale di matrimonio sottoscritto dagli sposi, dai loro genitori e dai testimoni, al nostro arrivo in Iran lo potrete registrare ed avrà effetto legale. Di conseguenza sarà difficile che vi possano separare e mandarvi in due campi diversi; comunque, nelle nostre attuali condizioni non possiamo né festeggiare, né suonare, cantare e ballare. Per quanto riguarda il mio lutto, non pongo alcun problema, potete sposarvi quanto prima".

Dopo di che Azar smise di parlare e assieme alla madre iniziò a piangere.

A quel punto dissi: "Cari miei, piangere non risolve nulla e i nostri morti non potranno essere resuscitati. Bisogna trovare una soluzione al desiderio di Siavash e Neda. Rispetto la volontà di Siavash e lo capisco. Non posso non essere d'accordo con Azar, però ritengo che tutto dipenda dalle decisioni di Neda e dei suoi genitori".

"Perché non andiamo a trovarli nella loro grotta?" propose Shirin. Nelle nostre condizioni, non possiamo festeggiare, però tutte le altre cerimonie, come il *khastgari* e l'*aghad* le possiamo fare".

Chiesi a Siavash: "Cosa dici figliolo? Il matrimonio è una cosa seria, te la senti di affrontarlo?"

Siavash non ebbe alcun dubbio: "Sì babbo; ti ringrazio e ringrazio anche te, mamma, per tutto quello che fino ad ora avete fatto per me, per avermi fatto crescere e avermi dato una istruzione. Vi sarò ancora più grato per il resto della mia vita, se riuscirete ad ottenere il consenso dei genitori di Neda".

Chiesi ad Azar, come da tradizione, se poteva fare una visita alla famiglia Azadi e chiedere se potevamo andare da loro per il *Khastgari* di Neda *Khanom*.

Siavash guardò negli occhi sua sorella e, senza dire nulla, la pregò con lo sguardo.

"Saggia decisione" disse lei "se siete tutti d'accordo, vado subito".

Si alzò e uscì. La seguimmo con gli occhi finché non scomparve dentro la grotta dove gli Azadi avevano preso dimora. Chiamò fuori la sua amica Neda e, dopo una breve conversazione, tornarono nella grotta.

Passarono lunghi minuti d'attesa; Siavash era silenzioso, ma visibilmente molto emozionato. Sua madre gli mise una mano sulla spalla e gli disse: "Stai tranquillo figliolo, vedrai che andrà tutto bene. Se Neda è pronta per il matrimonio, non penso che i suoi genitori porranno qualche veto.

Sirus *agha* è molto amico del babbo. Pensa positivo, di sicuro accetteranno che andiamo al *khastgari*".

Siavash confessò la sua preoccupazione: "Dire sì all'incontro delle due famiglie per il *khastgari*, non significa dire sì anche al matrimonio di una figlia sedicenne con un ragazzo diciottenne e nullatenente".

"Tu non sei nullatenente" gli dissi "hai il dono della vita e della salute, la giovinezza, l'istruzione, l'educazione familiare. Hai una forte personalità e una ferrea volontà che ti aiuterà a raggiungere i tuoi obbiettivi. In più hai noi, una famiglia unita che ti ama. Queste cose le sanno anche gli Azadi, poiché sei cresciuto davanti ai loro occhi".

Siavash alle mie parole si rilassò un poco e mi ringraziò.

Azar tardò più del tempo necessario per fissare un incontro tra le due famiglie; io e mia moglie eravamo un po' in pensiero, e Siavash si innervosì di nuovo.

Quando Azar uscì dalla grotta era accompagnata dal fratello maggiore di Neda, Babak: i due parlarono alcuni minuti poi rientrarono nella grotta. Mi chiesi di cosa dovessero parlare in privato Babak e Azar, e guardai mia moglie con aria interrogativa.

Shirin capì senza che dicessi una parola e mormorò: "Quando rientra ci dirà tutto, se lo riterrà opportuno. Tu, per favore, non chiederle nulla".

Qualche attimo dopo uscì dalla grotta Neda; passeggiava avanti e indietro e faceva dei profondi respiri. Siavash si alzò per raggiungerla, ma Shirin lo bloccò: "Fermati dove sei e aspetta che torni Azar; non rovinare tutto".

Finalmente Azar uscì, parlò per qualche istante con Neda, poi venne verso la nostra grotta e Neda tornò nella sua.

Siavash si alzò in piedi, impaziente. Azar lo abbracciò e disse, con la tenerezza di una sorella maggiore: "*Dadash jun*, caro fratello, devi avere molta pazienza e fiducia in te stesso. Nella vita le cose vanno fatte passo dopo passo. Intanto gli Azadi hanno accettato di riceverci per il *khastgari*".

"Quando?" chiese Siavash.

"Anche subito" rispose Azar "però suggerisco di andare almeno tra una mezz'oretta".

"Perché questa lunga pausa?" chiese Shirin.

"Gli Azadi non sono contrari al matrimonio, ma non si aspettavano la proposta in questo momento. Ho spiegato loro le ragioni della fretta e quello che ci siamo detti in famiglia. Neda era emozionata e rossa in faccia, ma i suoi genitori erano sorpresi e impreparati, e i suoi fratelli hanno posto diverse obiezioni. Alla fine Babak ha chiesto di parlarmi in privato; siamo usciti dalla grotta e mi ha detto che era molto amico di mio marito ed era molto addolorato per la sua morte, e per quella di mio fratello Sohrab. Sapeva dell'immenso amore di Dariush per me, da quando eravamo ragazzi; pur essendo anche lui innamorato di me da sempre, non ha mai avuto il coraggio di venire con i suoi genitori per il *khastgari*. Mi ha detto che purtroppo era successo quello che non doveva succedere e che, essendo rimasta vedova, ero di nuovo libera. Mi ha ricordato che per la moglie del defunto, come per una divorziata, prima di risposarsi c'è l'obbligo di rispettare il periodo del lutto per almeno tre mesi, anche per la questione della paternità di un eventuale figlio in grembo della donna. Insomma ha colto l'occasione per chiedere la mia mano".

Incuriosito chiesi ad Azar: "Cosa hai risposto?"

"Che sono lusingata del suo affetto, ma al momento, a parte gli obblighi religiosi e civili, sono troppo addolorata per pensare ad una nuova unione; a pochi giorni dal martirio di mio marito non posso pensare ad un altro compagno. Gli ho chiesto di capirmi, ma il dolore è troppo forte. E poi, cosa potrei dire ai signori Kaviani, i genitori di Dariush, che sono anche loro nostri compagni di viaggio? Babak ha capito la situazione e il mio stato d'animo; si sente vicino a me, partecipa al mio dolore e sa aspettare. Poi siamo rientrati nella grotta e Babak ha detto ai suoi genitori che per lui non c'erano problemi, e che i signori Kuroshi potevano andare per il *khastgari* quando desideravano".

A queste parole Siavash non poté nascondere la propria gioia.

"Poi che altro hanno detto, Azar?", incalzò la sorella.

Azar sorrise per l'ansia del fratello e riprese a raccontare: "Sirus *agha* ha chiesto anche a Morad cosa ne pensasse, e lui a risposto che, se andava bene per gli altri, anche lui era d'accordo, ma che a decidere doveva essere Neda. Lei è diventata ancora più rossa in faccia, si è coperta il viso con le mani ed emozionata si è precipitata fuori dalla grotta. Nasrin *khanom* ha confermato poi che i due ragazzi erano innamoratissimi e che non dovevamo mettere Neda in imbarazzo."

"Sirus *agha* ha chiesto a sua moglie se Neda le avesse mai parlato di questo sentimento per Siavash. Lei ha risposto che per una madre non c'è bisogno di tante parole per capire lo stato d'animo di una figlia, e che Neda da più di tre anni è una donna a tutti gli effetti e che, alla sua età, è naturale innamorarsi di un ragazzo. 'Questo viaggio e la convivenza tra i due hanno accelerato tutto, e ora siamo qui per decidere di questo matrimonio prematuro; per fortuna conosciamo bene Siavash e i suoi genitori, e sappiamo che andiamo ad imparentarci con gente seria e perbene'."

"Sirus non ha dubbi sul fatto che i ragazzi si amino e ha capito che Morad ha voluto con le sue parole richiamare l'attenzione della sorella alle sue responsabilità, perché fosse lei a scegliere il marito e a decidere sul tempo e sulle modalità del suo matrimonio, non di certo per metterla in imbarazzo. Morad ha ribadito il principio che ogni persona, indipendentemente dal sesso, ha il diritto di decidere della propria vita. Se stiamo scappando dalla nostra terra è perché siamo contro ogni tipo di dittatura e vogliamo tornare in un Paese libero, dove i diritti umani siano inviolabili, quindi vanno esercitati anche in famiglia.

Sirus *agha* naturalmente era pienamente d'accordo, ma il fatto che Neda avesse soltanto sedici anni, implicava che la sua tutela spettasse ai genitori, e per questo si discuteva e si decideva insieme. Morad ringraziò i suoi per le idee progressiste e ribadì che vivere in una famiglia così era davvero una fortuna, mentre in altre si combinavano ancora i matrimoni e si obbligavano le donne a portare il burqa.

Al rientro di Neda, Sirus *agha*, le ha chiesto se potevano riceverci per il suo *khastgari* e lei ha acconsentito".

Azar si fermò e si voltò verso il fratello che, sorridente e impaziente, chiese: "Allora, *baba jun*, possiamo andare?"

Gli risposi che saremmo andati di lì a poco, ma prima chiesi a mia moglie se meditava di regalare uno dei suoi anelli d'oro a Neda.

"Certo!" mi rispose lei "con Azar ne avevamo già scelto uno".

Con cura cercai di aprire la fodera della mia giacca, dove avevo nascosto qualche monetina d'oro, e recuperai una sterlina d'oro per il *mahriyyah* di Neda.

Uscimmo dalla grotta e andammo tutti insieme dal mio amico Sirus.

Ci ricevettero con gioia. Noi uomini ci stringemmo le mani e ci baciammo sulla guancia. Le donne fecero lo stesso tra di loro.

Sirus ci invitò ad accomodarci. Il tè era pronto e per l'occasione sulla tovaglia trovammo qualche ciotola di *sabzeh Kashmar*, uva secca verde di Kashmar, e qualche dattero per addolcire la bocca.

"Avremmo preferito venire nella vostra bella casa di Do-Ab per chiedere la mano di Neda *khanom*, ma gli eventi della vita non finiscono mai di sorprenderci" dissi "Ci troviamo nel bel mezzo di questo esodo ed ogni giorno ci aspetta qualche nuovo agguato. Ma la vita va avanti e la speranza è l'ultima a morire. Questi nostri due ragazzi si vogliono bene e non vedo perché non dovrebbero unirsi in matrimonio. Non dovrebbero soffrire della lontananza durante questo viaggio ed eventualmente rischiare la separazione nei campi dei profughi in Iran".

Sirus si disse d'accordo: "Però prima di dire l'ultima parola, da vecchi amici, ti vorrei parlare in privato", e si alzò per uscire dalla grotta.

"Certo" dissi, e lo seguii all'esterno.

Un po' lontano dall'ingresso della grotta, all'ombra delle rocce, trovammo due grosse pietre su cui sederci. Più in alto, distanti tra loro, erano appostati Mahbod e Cambod, ognuno con un fucile di precisione dotato di cannocchiale; era il loro turno di guardia. Li salutammo con la mano destra; risposero al nostro saluto sorridendo.

"Anch'io mi sono accorto che Neda e Siavash si sono innamorati perdutamente" iniziò Sirus. "Noi genitori non possiamo né negarlo, né ostacolarlo. Anche se l'età di mia figlia mi dà pensiero, anch'io credo che sia saggio unire i nostri figli in matrimonio. Ma acconsentirò alla loro unione ad una condizione. Non so se vi siete accorti che il mio primogenito Babak è innamorato di tua figlia Azar, e non solo lui; anche suo fratello minore Morad nutre una grande ammirazione per tua figlia, ma rispetta la norma che per primo si debba sposare il fratello maggiore. Capisco che Azar, in questo momento, con i grandi lutti che ha sofferto, non può prendere in considerazione la domanda di matrimonio di Babak. Riconosco anche il suo pieno diritto nella scelta di un nuovo compagno di vita, però ti chiedo un patto, affinché il matrimonio tra Azar e Babak possa realizzarsi".

Restai un attimo in silenzio e dissi: "Ti ringrazio per la disponibilità nei confronti di Siavash e Neda e per aver compreso lo stato d'animo di Azar. Per quanto mi riguarda, e credo di poter parlare anche a nome di mia moglie Shirin, non c'è alcun problema per un prossimo matrimonio tra Azar e Babak; anzi sarà un motivo per ritrovare gioia e allegria nella nostra famiglia, magari con l'arrivo di uno o più nipoti. Ma come sai bene, Azar è una ragazza con una forte personalità ed è molto determinata; non è condizionabile nelle sue scelte. Dariush era un suo compagno di *maktab*, e quel sentimento nato nel periodo dell'infanzia non si è mai spento, anzi è sbocciato in un grande amore, coronato con il loro matrimonio. Io e Shirin ci adopereremo perché nostra figlia, dopo un adeguato periodo di lutto, si risposi e metta su una nuova famiglia, e perché no?, magari con Babak, che conosciamo e a cui vogliamo tanto bene. Ma ricordati che sarà lei a dire l'ultima parola".

Sirus mi rispose: "Chiedo solo la tua benedizione per il loro matrimonio e mi è sufficiente quello che mi hai detto. Ora rientriamo perché le nostre due famiglie ci aspettano con ansia".

Ci alzammo e rientrammo nella grotta, entrambi con il sorriso sulle labbra. Non appena ci sedemmo, ci versarono due tazze di tè e Nasrin ci offrì dell'uva secca dicendo: "Per favore addolcitevi la bocca".

Sirus comunicò alla famiglia la sua intenzione di acconsentire al matrimonio di Neda e Siavash. Chiese a ognuno cosa ne pensasse, e tutti furono d'accordo.

Siavash, pieno di gioia, colse l'occasione per ringraziarli: "Vi sarò riconoscente sin quando vivrò".

Allora intervenni: "Bene figliolo, sono felice per te. Ora però, considerando la nostra situazione attuale, propongo che si faccia una cerimonia ridotta all'essenziale.

Sirus chiese: "Quindi cosa suggerisci?"

"Il *khastgari* è già stato fatto" spiegai "Ora dobbiamo pensare a preparare il *sofreh-ye aghd*, per celebrare l'*aghd nekah*. Dopo il rito del matrimonio, faremo il pranzo nuziale con quello che abbiamo a disposizione. Dopo pranzo accompagneremo gli sposi nel *hejle arus*. Al calare del sole, anche questa sera, riprenderemo il nostro viaggio. Mi dispiace per i nostri ragazzi, ma non possiamo permetterci il lusso di fermarci".

Neda disse: "Vi ringrazio perché, nelle nostre condizioni, anche questo ha dell'incredibile".

Siavash, che ascoltava con molta attenzione, intervenne: "Mi mancano le parole per ringraziarvi tutti, uno per uno. Quando torneremo a casa, Neda, ti prometto che celebreremo di nuovo il nostro matrimonio come si deve".

"Bello come quello di Azar *jun*?" chiese Neda.

"Sì; se mi sarà possibile, ancora più bello" rispose Siavash.

Azar abbracciò Neda e, mentre la stringeva tra le braccia, le sue lacrime bagnarono il viso della futura cognata.

"Cara amica, so quanto vuoi bene a tuo fratello; ti prego, almeno oggi, per qualche ora, cerca di non ricordare il tuo Dariush, perché di sicuro, se fosse stato vivo, anche lui avrebbe partecipato con tanta gioia alla festa del nostro matrimonio" disse Neda commossa.

"Basta con i pianti, diamoci da fare per preparare la tovaglia nuziale, la camera da letto degli sposi, il trucco della sposa e il pranzo. Anche tu, Siavash, ti devi lavare, fare la barba e prepararti per questo grande giorno" disse Shirin. Poi, rivolgendosi alla consuocera Nasrin, aggiunse: "Non tutti i mali vengono per nuocere. Pensa: non dovendo preparare il *giahiziyye*, quanta fatica vai a risparmiare".

Nasrin scoppiò a ridere e rispose: "Senti chi parla; anche tu vai a risparmiare la fatica della cerimonia e del pranzo; non devi accompagnare lo sposo a casa della sposa, né organizzare la festa di nozze con tanto di musicisti, giocolieri, bevande, dolciumi e cena per tutti i parenti, gli amici e i vicini. Qui, sui monti della catena dell'*Hindukush*, non ci sono negozi di gioielleria per il regalo alla sposa, però ti toccherà sganciare qualche bel gioiello per tua nuora!".

Ridemmo tutti, comprese Azar e Neda che, in seguito al battibecco tra le due vecchie amiche, smisero di piangere e cominciarono a ridere gioiosamente.

Shirin rispose: "Non ti preoccupare, ho già pensato a tutto. Per Neda *jun*, questo ed altro".

Si avvicinò a Neda, la baciò sulla guancia, accarezzò i suoi bellissimi capelli lunghi ed esclamò: "Che bell'angelo avrò come nuora!".

Morad annunciò che, per il pranzo di nozze, lui e Babak avrebbero fatto una battuta di caccia. "Speriamo di trovare un cervo, uno stambecco o una capra; gli animali di solito vengono ad abbeverarsi al mattino".

"Buona idea" esclamò Nasrin "Siete stati proprio bravi ad averci pensato".

Sirus si raccomandò di stare attenti agli elicotteri russi e di non allontanarsi troppo dal campo.

"Io partecipo alla caccia, però ci tengo a fare il testimone di nozze alla mia cara sorellina" disse Babak.

"Anch'io" aggiunse Morad. "Per quando è prevista la cerimonia?"

"La cerimonia dell'*aghd* la facciamo prima di pranzo" rispose Nasrin.

Babak e Morad presero i loro fucili di precisione e uscirono all'aperto.

Sirus fece notare che mancavano altri due testimoni.

"Penso che i nostri cugini Mahbod e Kambod lo farebbero volentieri" dissi.

"Allora è meglio dividerci i compiti e avvisare anche gli altri. Ci serve la collaborazione di tutti" concluse Sirus.

Azar si offrì di avvertire tutte le famiglie.

"Prima vediamo di preparare la tovaglia nuziale e la camera da letto degli sposi. Cosa ci manca?" chiese Nasrin.

"Qualche Kelim da stendere sul pavimento ci tornerà utile" proposi "Sarebbe ottimo se gli ospiti ne portassero qualcuno insieme ai loro piatti e posate. Per fortuna questa grotta è grande e non avremo problemi di spazio. Vedrete che sarà un bel matrimonio: approntato in una situazione di pericolo, ma bello".

Neda sorrise: "Lo ricorderò come se si potesse paragonare al matrimonio di Azar. Ricordo la sala grande della vostra casa di Do-Ab con la tovaglia nuziale apparecchiata".

"Sì." ricordò Azar "Proprio sul medaglione centrale del tappeto floreale a fondo rosso venne steso il materasso matrimoniale in direzione della Mecca. Sul bordo del materasso, come schienali, furono sistemati uno sull'altro alcuni *poshti*; il materasso e i cuscinoni vennero coperti da un telo di seta bianca; sul telo vi erano due posti, uno per me e l'altro per Dariush. Davanti ai nostri posti, sempre sul telo bianco, furono sistemati alcuni oggetti propiziatori: c'erano le noci per la fertilità, il pane per la prosperità, i dolciumi e le caramelline per la dolcezza della nostra futura vita matrimoniale, l'*esfand*, i semi di ruta, per il loro gradevole odore quando bruciano e per tenere lontano il malocchio. Inoltre, c'erano le candele e uno specchio per rappresentare la luce e l'energia solare. Vicino alle candele e allo specchio c'era il corano che mi regalò quel giorno mio padre; aveva una bella copertina e alcune pagine bianche all'inizio. Nella prima pagina bianca, in alto, mio babbo scrisse di suo pugno l'ora, il giorno della settimana, la data, il luogo, i nomi e i cognomi della sposa e dello sposo e il nome e il cognome dell'officiante del nostro matrimonio. In quella pagina, di seguito, sarebbero stati scritti i nomi e le date di nascita dei miei figli, le date del loro matrimonio, le date della nascita dei nipoti ed altri eventi importanti. Avrebbe avuto la funzione dell'albero della vita della nostra nuova famiglia."

Azar si fermò un attimo. Era la prima volta che raccontava del suo matrimonio da quando Dariush era stato ucciso. Da sola, nella sua mente, aveva rivissuto quei momenti innumerevoli volte, ma il dolce ricordo del marito la addolorava immensamente. Ora parlarne era ancora più difficile, ma Neda e suo fratello stavano per rivivere le stesse emozioni e, in un certo modo, glielo doveva.

Proseguì visibilmente commossa:

"Il mio abito era bianco con piccole stelle e fiori color argento e platino. Sulla testa portavo un velo di tulle bianco, che copriva i miei capelli e il viso.

Mi sedetti sul lato sinistro della tovaglia di nozze. Le mie amiche e le nostre parenti riempivano la sala cantando e ballando a turno. Alcune signore suonavano di continuo con il *dayereh*[17]. Vennero servite bevande analcoliche, sciroppi, succhi di frutta, tè e dolciumi vari. Nella stanza accanto e nel cortile di casa c'erano tutti gli uomini invitati, e i musicisti suonavano e cantavano.

Arrivò Dariush accompagnato da suo padre. Il signor Kaviani era uno stimato *attar*[18]. Dariush aveva terminato il liceo, aveva assolto il servizio militare e ora lavorava con lui.

Quando entrò nel cortile fu salutato con baci ed abbracci da mio padre e dai miei fratelli; poi passò nella sala, dove erano sistemati gli uomini e i musicisti, che cominciarono a

---

[17] Dayereh è il tamburo a cornice, formato da una singola pelle montata su un cerchio di legno, con piccoli cembali di metallo.
[18] Attar è il titolare di un grosso negozio di generi alimentari di pregio, come riso, tè, zucchero, olio giallo di burro e similari.

battere le mani a ritmo di musica e a cantare tutti insieme la canzone dal titolo 'Amore auguri, se Dio vuole, sarà una fortuna'[19].

Il momento più emozionante fu quando vidi Dariush entrare nella sala. Era nel pieno della sua giovinezza, alto, forte, robusto e bello come il sole. Indossava un abito di lino bianco a doppio petto e una camicia di seta bianca senza colletto. Il bianco faceva risaltare il colore della sua pelle vellutata e abbronzata. Sul collo spiccava un foulard di seta rosso-bordò. Nel giorno del nostro *giavabgui*, quando accettai la sua richiesta di matrimonio, lui mi regalò l'anello di fidanzamento e io gli regalai quel foulard rosso. I suoi folti capelli, lunghi e lisci, nero corvino, erano ben pettinati. Teneva il palmo della mano destra sul cuore in segno di saluto e di gratitudine. Aveva un dolce sorriso sulle labbra. I suoi grandi occhi a forma di mandorla, di un bel marrone dorato, erano lucidi dalla gioia. Mi alzai in piedi e lo salutai con un cenno della testa. Il suo sguardo tagliente incontrò il mio; rispose al mio saluto con un inchino. Molte signore si erano alzate in piedi; qualcuna applaudiva e qualcun'altra intonava il tradizionale grido di *Hal-hale*, in segno di auguri e allegria. A questo ritmo le suonatrici mossero in alto i loro tamburi, facendo tintinnare i cembali di metallo.

Dariush girò su se stesso, alzando le mani in segno di saluto. Si avvicinò al suo posto alla mia sinistra e, dopo altri inchini, sedemmo sulla tovaglia nuziale uno di fianco all'altro. Mi girai leggermente verso di lui. Di nuovo si incrociarono i nostri sguardi. Il cuore iniziò a galopparmi nel pet-

---

[19] Questa tradizionale canzone nuziale è molto popolare in tutti i Paesi di lingua persiana (Yar mobarak bada, insciallah mobarak bada.

to. Finalmente eravamo seduti uno accanto all'altra, per il magico momento del Sì. Quella fu l'emozione più grande della mia vita.

Dopo qualche minuto entrarono nella sala i nostri padri, accompagnati dal notaio e dai testimoni.

Durante la cerimonia del contratto di matrimonio, la sposa elenca le sue condizioni, naturalmente consentite dalla legge e dalle norme della religione musulmana, e precedentemente concordate tra gli sposi. Lo sposo accetta le condizioni e si impegna a mettere a disposizione della sposa una somma di denaro o monete d'oro, oppure una specifica sua proprietà.

Il nostro fu un matrimonio d'amore e non imposi tante condizioni. Seguimmo la tradizione e gli accordi presi dai nostri genitori. Dariush mi intestò la casa dove andammo a vivere insieme. Il notaio verbalizzò e registrò il matrimonio. Io e Dariush, i nostri genitori ed i nostri testimoni firmammo il registro. Il notaio autenticò le firme e ad alta voce annunciò: 'Faccio le mie congratulazioni per il matrimonio da me celebrato nel rispetto delle leggi dello Stato e nelle norme della religione islamica, tra la signorina Azar Kuroshi e il signor Dariush Kaviani'.

Quando il notaio finì, scoppiò un boato di gioia e di applausi, prima nella sala delle signore e subito dopo in quella degli uomini.

Il notaio ci salutò, prese i suoi registri e andò via. Mio padre si alzò in piedi, e ripetendo la formula augurale, tirò fuori da una piccola borsa qualche pugno di *noghl*[20] e li lanciò intorno. I *noghl* erano mischiati con delle monetine color argento; i bambini, le ragazze e qualche ospite fecero a gara per raccogliere le monetine e i *noghl*. Poi venne il turno del padre di Dariush che ripeté *mobarake* (gli auguri) e sparse attorno altri *noghl* e monetine nuove di zecca.

Gli uomini uscirono dalla sala allestita per gli sposi; sollevai il velo di tulle dal mio viso. Alcune signore cantarono nuovamente la canzone nuziale suonando i tamburelli, e tutti i presenti batterono le mani a ritmo di tamburo. Le bambine e le signore, a cominciare dalle nostre mamme, iniziarono a ballare attorno agli sposi.

Dopo qualche minuto Dariush fu chiamato nella stanza degli uomini, dove i musicisti diedero il via alla festa; al suo ingresso nella sala, gli uomini batterono le mani a ritmo di musica e tutti insieme cantarono rinnovando gli auguri. La festa continuò fino all'ora di cena, che fu ricca delle pietanze della tradizione, con i vari *polò*; come secondo, assieme al riso, furono servite tre pietanze diverse di spezzatino di carne di montone con tre contorni: con verdure e fagioli, con mele cotogne e prugne essiccate in agro dolce, e con melanzane e pomodori.

A richiesta c'era anche il prelibato *Celò (Chelo) Kebab*, riso con spiedini di filetto cotti alla brace.

Durante la cena caricarono il mio corredo nuziale su un camion. Dopo la cena, io e Dariush salimmo su una berlina

---

[20] Noghl sono piccoli confetti con al centro un quarto di mandorla snocciolata e sbucciata, ricoperta di zucchero bianco, bollito insieme all'essenza di rose (golab) e al succo di limone.

bianca, decorata con fiori e nastrini rossi e guidata da mio fratello Sohrab. Quando partimmo, ci scortarono in carovana le auto degli ospiti, seguite dal camion carico del mio corredo. Attraversammo le principali strade di Do-Ab suonando i clacson; alla fine ci fermammo davanti alla nostra nuova casa.

Gli amici ci aspettavano con il tè, altre bevande e dolciumi. Gli ospiti, dopo averci accompagnato in casa, ci salutarono; alcuni amici e parenti invece ci aiutarono a scaricare il corredo, con mia madre e Dariush che dirigevano la sistemazione dei pacchi. La nostra camera nuziale era già stata preparata.

Neda *jun*, questo è il racconto del mio matrimonio. Ho avuto l'opportunità di celebrarlo in tempi di relativa pace per il nostro martoriato Paese; purtroppo, il vostro lo celebriamo in una situazione d'emergenza. Di tutte le cose di cui vi ho raccontato, bisogna ora vedere cosa è indispensabile fare e cosa è fattibile".

"Grazie, Azar *jun*" sorrise Neda stringendo le mani dell'amica "Tutti abbiamo rivissuto i bei momenti del tuo matrimonio. Il tuo racconto ci ha rinfrescato la memoria e ci ha chiarito le idee in merito al nostro. Ma ora dimmi: quale è stato l'attimo più bello del tuo matrimonio?"

Azar restò in silenzio per pochi secondi, quasi a voler richiamare alla memoria quell'attimo: "Credo quando finì!" rise e tutti i presenti con lei. "Quando andarono via tutti gli ospiti, dopo che ci ebbero accompagnati alla nostra nuova casa per la cerimonia dell'*aruskeshi*, finalmente io e Dariush rimanemmo soli ed entrammo nella camera nuziale".

Siavash intervenne: "Sicuramente, nel nostro caso, l'essenziale è il rito del contratto di matrimonio e la sua verbalizzazione, per registrarlo alla prima occasione. Poi è importante il pranzo di nozze, con quello che riusciremo a preparare per i nostri cari compagni di viaggio. Infine l'allestimento simbolico della camera nuziale, anche se per poche ore".

"Caro figliolo" affermai "sarei stato felice se avessimo potuto fermarci almeno per un giorno, ma non possiamo farlo".

"Sì, *baba jun*, non preoccuparti. Io e Neda lo sappiamo bene, e vi siamo grati per l'aiuto, e per avere oggi sacrificato le vostre ore di riposo. Piuttosto, ditemi, io cosa posso fare?"

Shirin sorrise: "Tu è meglio che trovi una grotta per allestire la camera nuziale, e poi ti lavi e ti prepari per la cerimonia; al resto penserà tuo padre".

"Lui nel nostro gruppo è la persona più giusta per celebrare questo matrimonio", osservò Sirus.

"Va bene. Allora tutti al lavoro perché abbiamo poco tempo" concluse Shirin "Azar *jun*, vuoi cominciare a fare il giro delle grotte per avvertire parenti e amici e invitarli al pranzo? Quando torni, accompagniamo Neda al ruscello per fare il bagno alla sposa".

Azar annuì e uscì subito.

"Io e Nasrin" intervenne Sirus, "cominciamo a pulire e sistemare questa grotta, e a vedere cosa manca."

Shirin se ne andò per preparare i vestiti puliti per Siavash, e per cercare qualcosa per allestire la tovaglia nuziale e la camera da letto della sposa.

Nasrin chiese se le era rimasto un po' di riso, di olio di burro e di zafferano. "Anche se in piccola quantità, sarebbe bello cuocere un po' di riso come contorno al *kebab* di cacciagione".

Invitai Siavash a venire con me a cercare una grotta per la camera nuziale; lui era molto emozionato e non riusciva a distogliere gli occhi da Neda. Fece un cenno di saluto alla sua futura sposa e venne via con me.

Poco sopra la grotta dei genitori di Neda ne trovammo una che faceva al caso nostro; era spaziosa e relativamente pulita. Chiesi a Siavash se gli piaceva e lui assentì.

"Possiamo stendere un *kelim*, metterci sopra un materassino e coprirlo con il *pasceband* (pashehband)[21]", proposi.

"Questa è una buona idea, perché ci darà un po' d'intimità e ci proteggerà dagli insetti" approvò Siavash.

Andammo verso la nostra grotta per prendere quello che ci serviva; Shirin aveva già preparato il kelim, il materasso, il lenzuolo e i cuscini.

"Shirin *jun*, ci serve anche una zanzariera" dissi.

---

[21] Pasceband è una zanzariera cucita con del tulle bianco.

"Avete avuto una buona idea" rispose mia moglie "È sistemata in questo sacco; aiutatemi a tirarla fuori".

Prendemmo tutto il materiale e ci avviammo verso la grotta prescelta.

"La nostra antica tradizione tribale della transumanza ci è stata utile per decidere cosa potesse esserci necessario per il viaggio e per la nostra destinazione".

Nel campo tutti già sapevano del matrimonio: c'era un viavai continuo verso la grotta degli Azadi. Chi portava i kelim per tappezzare il pavimento, chi portava del cibo e qualche pugno di frutta secca o delle caramelle per arricchire il banchetto nuziale. Gli amici che incontrammo ci fecero gli auguri e ci informarono della loro disponibilità a collaborare nell'organizzazione di una bella festa. Ringraziammo tutti e a tutti chiedemmo gentilmente di parlare con le madri degli sposi per sapere di cosa avevano bisogno.

Entrammo nella grotta prescelta, stendemmo il kelim e il materasso; poi cercammo d'installare la zanzariera, ma le pareti erano di roccia e con i chiodi non c'era niente da fare.

Siavash propose: "Dovremo cercare quattro bastoni alti almeno un metro e mezzo".

A valle del corso d'acqua c'erano degli alberi, e quindi prendemmo la sega e ci incamminammo per andare a tagliare i quattro rami e per raccogliere legna secca per cucinare il pranzo.

"Speriamo che Babak e Morad tornino a mani piene" sospirò Siavash.

In quel momento sentimmo due spari, uno dietro l'altro, e poi il silenzio; ci buttammo a terra con il fucile in mano. Dopo un istante udimmo il grido di Mahbod: "Niente allarmi, è stato Morad, ha preso uno stambecco!"

Il *kebab* era assicurato; ora si doveva recuperare un po' di legna e trovare un posto adatto, ben nascosto alla vista del nemico, dove accendere il fuoco.

In quel momento alcuni amici ci raggiunsero per offrirci il loro aiuto; si unirono a noi e insistettero perché il futuro sposo andasse a prepararsi per l'imminente cerimonia.

Li ringraziai e dissi a Siavash: "Questi amici hanno ragione; meglio che vai a prepararti".

Siavash, emozionato e agitato, andò verso la grotta, e noi continuammo lungo la valle in cerca di legna.

Io allestii la zanzariera e gli amici, con l'aiuto di Sirus, scelsero l'angolo giusto e accesero il fuoco.

Andai a lavarmi in un posto riparato lungo il corso del ruscello; a casa, da anni avevamo l'acqua corrente e la doccia ed eravamo abituati a tutte le comodità: avevamo elettricità, acqua corrente, bombole a gas per la cucina, cherosene per le stufe, e scaldabagno, ventilatore, radio e televisione.

Durante questa fuga invece, per le pratiche igieniche eravamo tornati indietro ai tempi dei nostri nonni; qualche situazione simile l'avevo vissuta durante l'estate, nel nostro frutteto, quando ero proprio un bambino. Su questi monti, lavarsi costituiva un serio problema, in particolar modo per le nostre donne; loro, durante il bagno, per poter osservare le regole islamiche e tenere coperto il corpo e i capelli dagli sguardi degli estranei, andavano in gruppo vicino all'acqua, dove alcune tenevano i lenzuoli o i veli aperti, e le altre a turno si lavavano.

Salii lungo il ruscello e cercai un posto abbastanza al riparo; dopo giorni di viaggio mi lavai con acqua e sapone e mi sentii rinato. Mi asciugai velocemente e andai a cambiarmi nella nostra grotta. Mia moglie mi aveva tirato fuori dalla valigia l'abito blu scuro e la camicia di seta bianca. Mi affrettai a vestirmi. Era il giorno del matrimonio del mio unico figlio maschio e per di più ero l'officiante della cerimonia. Presi il corano e la *resale*, che mi serviva per leggere il rito del matrimonio; uscii e andai di corsa nella grotta degli Azadi per aiutare a completare l'allestimento di nozze.

Babak e Morad avevano già portato lo stambecco; dopo averlo pulito e preparato, decisero di servirlo assieme al riso e ad altri cibi in forma di spiedini e spezzatino.

Il pranzo di nozze era già pronto.

Neda e le sue amiche erano di ritorno dal ruscello; la sposa era pulita e truccata. Arrivarono anche Siavash e i suoi amici vestiti a festa.

Io e il mio amico Sirus parlammo in privato sulla questione del *mahriyyah*. Sirus mi disse che già ne aveva parlato con Neda e con sua madre, e la figlia aveva ribadito che il loro era un matrimonio d'amore, e quindi per lei come *mahriyyah* era sufficiente un atto simbolico, ad esempio il dono di una copia del corano e un pezzo di *nabat*.

In più avrebbe avuto in regalo una sterlina d'oro da me e un anello di ottimo turchese persiano di Nishabur da mia moglie Shirin.

Sirus era d'accordo. Aggiunse che, nelle loro condizioni, non erano in grado di preparare il corredo e non pretendevano una adeguata dote.

Nel frattempo gli ospiti avevano quasi riempito la grotta.

Era arrivata anche Neda accompagnata da suo padre. Indossava un abito chiaro e portava un tulle bianco sulla testa che le copriva il viso e il collo. Era leggermente truccata ed era molto bella. Nel suo viso quasi rotondo spiccavano gli occhi neri, lucidi e grandi, e un nasino piccolo con la punta in su. Aveva una bella bocca e un mento tondeggiante ben proporzionato. I suoi folti capelli neri splendevano in contrasto con la pelle bianca del viso. Era di statura media e molto armoniosa.

Gli ospiti cominciarono a battere le mani e a intonare la canzone degli auguri. Neda prese posto sulla tovaglia nuziale. Io uscii dalla loro grotta e andai a prendere Siavash per accompagnarlo dalla sua futura sposa.

Siavash indossava un abito azzurro chiaro e una camicia bianca. Portava un paio di scarpe nere. I suoi capelli lunghi e neri erano ben pettinati e donavano luce al suo viso abbronzato. Era elegante, bello e forte.

Gli dissi: "Figliolo è ora, ti aspettano".

Uscimmo uno di fianco all'altro e ci dirigemmo verso la grotta degli Azadi. Al nostro arrivo gli ospiti, le donne da una parte e gli uomini dall'altra, applaudirono forte e cantarono.

Siavash prese posto alla sinistra della sposa.

Sirus mi sollecitò: "Signor Kuroshi, puoi cominciare il rito del matrimonio".

I nostri ragazzi avevano frequentato il *maktab* e sapevano leggere in arabo; quindi non era necessario che fossi io a leggere il rito del matrimonio.

Prima lessi una breve *sura* del corano che riguarda il matrimonio; poi diedi i due fogli che avevo già copiato dal *resale*, uno allo sposo e l'altro alla sposa; dovevano leggerli ad alta voce in lingua araba.

Neda, rivolgendosi allo sposo disse: "Siavash io ti sposo alle condizioni prestabilite, per un tempo indeterminato, e come dote accetto una copia del corano e un pezzo di *nabat*".

Siavash rispose: "Neda, io accetto".

Da parte mia, terminai la cerimonia con la fatidica frase: "Io vi dichiaro marito e moglie".

Poi verbalizzai l'atto del matrimonio, che fu firmato dagli sposi, dai loro genitori, dai testimoni e infine nuovamente da me in qualità di officiante; al termine dell'apposizione delle firme sulle quattro copie dell'atto, all'interno della grotta tutti applaudirono e formularono auguri.

Siavash infilò l'anello di turchese al dito di Neda e io le regalai una sterlina d'oro.

Noi uomini uscimmo dalla grotta degli Azadi e andammo nella mia grotta a festeggiare; lasciammo così le donne libere di ballare e cantare intorno agli sposi: si sa che, per ogni madre, uno dei desideri più importanti, dal giorno della nascita di suo figlio, è la speranza di poter festeggiare e ballare nel giorno del suo matrimonio.

Qualcuno degli ospiti andò a rinforzare il gruppo dei cuochi e a dare una mano per la preparazione del pranzo di nozze. Presto il pranzo fu servito: da quando eravamo partiti da Do-Ab, era la prima volta che potevamo mangiare il riso pilaf cotto a vapore, condito con olio di burro filtrato e aromatizzato con zafferano persiano di *Torbat-e-Heydarieh*. Il *kebab* di stambecco ebbe un gran successo.

Accompagnammo Siavash e Neda nella loro improvvisata camera nuziale, ballando e cantando. Gli sposi entrarono nel loro nido d'amore e ognuno tornò alla sua grotta a riposare fino al tramonto. Ci aspettava un'altra nottata di fatica, per riprendere la nostra 'fuga della speranza' verso il territorio iraniano."

10
Lo scontro con i russi

Kuroshi continua il suo racconto:

"Dalla sesta notte fino alla decima camminammo senza incontrare grosse difficoltà, trovando dei luoghi adatti per la sosta diurna; ad ogni sosta trovammo piccoli ruscelli o sorgenti d'acqua ed erba fresca e commestibile per noi e per i nostri cammelli.

Siavash e Neda erano sempre insieme. Avevano formato la loro famiglia.

Per le soste diurne cercammo sempre dei luoghi al riparo dal sole e dal nemico; la preferenza era per le grotte, perché offrivano momenti di intimità e libertà ad ogni nucleo famigliare; altrimenti cercavamo dei nascondigli tra le rocce o le boscaglie.

Talvolta, durante il giorno, sentivamo passare qualche aereo o un elicottero militare: per questo evitavamo di fermarci all'aperto. Ogni tanto gli aerei perlustravano le valli, anche di notte, ma, essendo una zona montagnosa, dovevano volare molto in alto. Appena udivamo il rombo in avvicinamento, ci gettavamo a terra e cercavamo di nasconderci dietro o tra le rocce, i sassi, gli alberelli e le piante grasse.

Oramai eravamo vicini alla frontiera iraniana e pensavamo di raggiungerla la notte seguente. Avevamo capito che eravamo vicini al fiume Hari-Rud dal cambiamento della vegetazione: c'erano più piante erbacee e meno piante grasse e spinose; inoltre i percorsi dei ruscelli andavano tutti in direzione ovest. Più ci avvicinavamo alla frontiera e più erano frequenti i voli di perlustrazione degli aerei e degli elicotteri russi.

All'alba trovammo delle grotte spaziose in cui rifugiarci. Era quasi il tramonto quando cominciammo a raccogliere le nostre cose per caricarle sul dorso dei cammelli. Alcuni erano usciti dalle grotte e altri erano ancora all'interno. D'improvviso udimmo il rumore di un elicottero in avvicinamento al nostro posto di sosta. Io stavo portando fuori dalla grotta i nostri bagagli, mentre Mahbod e Cambod, poco sopra, erano di guardia. Il rombo si fece sempre più forte. Mi gettai a terra e, rotolando, trovai riparo dietro una grossa pietra. In quell'attimo vidi la sagoma di un gigantesco elicottero militare e, nello stesso istante, sentii una raffica di mitra, che colpì la pietra dietro la quale avevo trovato riparo.

Gridai con tutta la mia forza: "Mahbod, spara uno Stinger!"

Non ero certo che mi avesse sentito. Nel frattempo l'elicottero si avvicinò ancora di più alle aperture delle grotte, continuando incessantemente a sparare. Qualche nostro compagno di viaggio, riparato dietro una grossa roccia, cominciò a rispondere ai colpi. Le donne gridavano: "Andate via, siamo dei civili, donne e bambini in fuga dalla nostra terra! Maledetti russi e lacchè afgani!"

Vidi la mitragliatrice dell'elicottero girare verso la mia posizione, all'ingresso della nostra grotta. Dissi le mie ultime preghiere. Ero pronto a morire: *"enna lellah va enna ali-*

he rajeun, o Dio veniamo da te e torniamo a te". Non feci in tempo a terminare il versetto che il missile terra-aria, sparato da Mahbod, colpì con precisione il serbatoio dell'elicottero e lo mandò in mille pezzi insieme al suo equipaggio.

Uscirono tutti dalle grotte: donne, uomini e bambini erano meravigliati dal sangue freddo e dalla precisione del tiro di Mahbod. Cominciammo tutti insieme a battere le mani, guardando in direzione di Mahbod e Cambod. Si alzò in cielo un grido unanime: "Viva Mahbod e Cambod. Viva l'Afghanistan libero!" Subito dopo rientrammo tutti nelle grotte e aspettammo che calasse la notte.

Cercai di mettermi in contatto con il gruppo di Rostam, accendendo e spegnendo la luce verde; rispose subito con la luce verde: anche da loro non c'erano morti o feriti.

Shirin accese il fuoco e riscaldò l'acqua per preparare la camomilla. Eravamo tutti frastornati e molto agitati a causa del rumore degli spari e dell'esplosione dell'elicottero.

Ringraziai mia moglie: "Shirin *jun*, il tuo è un pensiero veramente gentile. Ci vuole proprio una camomilla".

Ero preoccupato perché presto sarebbero tornati a cercare la carcassa dell'elicottero esploso e quindi a bombardare la zona; mi consultai con altri amici e tutti confermarono questo timore. Intanto il sole era completamente calato e perciò, rapidamente, caricammo i cammelli e ci allontanammo dalla scena del combattimento.

Nella fila, accanto a me camminava Mahbod; lo ringraziai di cuore per il suo abile tiro contro l'elicottero dei russi.

"Se tu avessi tardato qualche manciata di secondi ora non sarei qui a parlarti. Come mai hai aspettato a sparare?"

"Non volevamo far scoprire subito la nostra posizione al nemico, e soprattutto aspettavamo che l'elicottero si avvicinasse di più, per colpirlo con la massima precisione".

"Per un attimo ho temuto che la paura vi avesse immobilizzati. Sei riuscito a vedere in quanti erano?"

"Erano in cinque".

"Se non avessimo avuto lo stinger, saremmo tutti morti. Fortuna ha voluto che i contrabbandieri l'avessero abbandonato sul campo di battaglia, altrimenti saremmo stati disarmati".

Mentre ci allontanavamo in fretta dalla carcassa dell'elicottero abbattuto, sentimmo il rumore assordante di un aereo militare. Ci buttammo a terra completamente immobili, sia noi, sia Rostam e i suoi, sia i cammellieri, che tenevano accosciati gli animali.

L'aereo fece alcuni giri ma, non notando alcun movimento, tornò indietro.

Non appena l'aereo si allontanò, ci alzammo e proseguimmo verso occidente.

"Ho l'impressione che siamo vicino alla terra persiana." dissi agli altri "Ci conviene camminare senza sosta per poter attraversare il confine nel cuore della notte. Così avremo più possibilità di salvarci la pelle."

11
Il passaggio del confine

Kuroshi continua il racconto della loro fuga dall'Afghanistan:

"Finalmente, arrivammo alla riva del gran fiume Hari Rud. Mancavano ancora tre ore all'alba. Due giovani, Babak e Morad, si resero disponibili per cercare la zona più sicura per l'attraversamento; sicura perché lontana dal controllo diretto delle guardie di frontiera russo-afgane. Dovevano trovare un punto dove il fiume fosse sufficientemente tranquillo e non troppo profondo per poterlo attraversare senza rischi con i bambini e i cammelli. I due giovani, armati di pugnali e fucili, presero una lunga corda e si avviarono di soppiatto verso la riva del fiume.

Noi, sempre all'erta, ci nascondemmo dietro le rocce e gli alberi; tenevamo i cammelli qualche centinaio di metri indietro. Dopo quasi mezz'ora d'attesa, probabilmente la più lunga in vita mia, i due giovani tornarono sorridendo: Morad era completamente bagnato e Babak trasportava a fatica la lunga corda di cotone inzuppata d'acqua. Babak ci disse che era possibile guadare il fiume, naturalmente le donne, i bambini e gli anziani a dorso dei cammelli, e gli uomini a piedi. Dovevamo fare tutto il più presto possibile, prima che sorgesse il sole. Bisognava trovare un nascondiglio per le armi, altrimenti, al di là del fiume, le guardie rivoluzionarie della Repubblica Islamica dell'Iran, i Pasdaran, le avrebbero sequestrate.

Nascondemmo perciò accuratamente i nostri armamenti, avvolti in teli di plastica, sotto alcune rocce poco distanti da un gigantesco albero di noce e da una piccola sorgente. Ci avviammo verso il fiume. Morad si legò la corda attorno al corpo, entrò in acqua, attraversò il fiume velocemente e fermò la corda attorno a un grosso albero; intanto Babak aveva legato l'altro capo a un albero dalla nostra parte. Gli uomini avevano già fatto accosciare i cammelli, caricando i bagagli, le donne, i bambini e gli anziani. Ognuno teneva nella mano destra la corda del cammello e nella sinistra la corda di sostegno; il primo cammello, dopo un po' d'esitazione, entrò in acqua e gli altri lo seguirono. I miei stivali, i pantaloni e il camicione lungo si bagnarono; a quell'ora della notte l'acqua era abbastanza gelida e un vento freddo soffiava dai monti.

Passammo tutti, grazie a Dio, senza alcun incidente. Babak fu l'ultimo: sciolse la corda dall'albero e attraversò il fiume. Mentre ci cambiavamo gli abiti inzuppati (le donne da una parte e gli uomini dall'altra, separati dalla vegetazione) arrivarono i Pasdaran su automezzi militari e ci circondarono. Quando gridammo la parola d'ordine della rivoluzione iraniana, "Alahu Akbar, (Dio è grande)", insieme risposero: "Alahu Akbar".

Ci controllarono i bagagli e fummo perquisiti in cerca di armi e di oppio. Non trovando nulla, ci accompagnarono alla loro caserma, dove ci furono offerti tè, pane caldo e formaggio fresco. Dopo aver registrato le nostre generalità, verso le nove del mattino partimmo in direzione del campo Dogharon, distante una ventina di chilometri. Salimmo tutti a bordo di un camion militare, tranne Morad e Babak che, in qualità di cammellieri, dovevano raggiungere il campo a piedi, accompagnati dai militari iraniani.

A Dogharon, nei primi mesi eravamo accampati nelle tende; poi furono costruite delle case in cui trovammo una buona sistemazione.

Nel campo, i profughi del nostro gruppo sono rimasti uniti perché siamo riusciti a costruire le nostre case nello stesso isolato.

Appena arrivati a Dogharon, dopo la sistemazione, chiedemmo di un notaio per regolarizzare e registrare il verbale del matrimonio di **Neda e Siavash**.

Dopo qualche giorno venne un notaio prete e registrò il loro matrimonio; tutti i firmatari del verbale, da me redatto durante il viaggio, firmarono il nuovo atto notarile e i due enormi registri del notaio, che compilò e rilasciò un quaderno di matrimonio ad ognuno degli sposi.

In forza di questo atto, Neda e Siavash chiesero ed ottennero la loro abitazione, proprio vicino alla nostra. Tutti noi compagni di viaggio fortunatamente rimanemmo vicini e, durante l'esilio, questo fu un grande sollievo.

Neda e Siavash, tutto sommato, oggi ci sembrano proprio felici; essendo tutti e due giovanissimi, le autorità hanno riconosciuto loro lo status di studente, e li hanno ammessi subito al liceo femminile e a quello maschile di Taibad (Taybad).

Il tempo è passato. Le cose in Afghanistan non sono cambiate, anzi peggiorate. La data del ritorno è stata rinviata ad un futuro lontano. Il numero dei profughi da quella terra è in continuo aumento; qualcuno parla, addirittura, di più di un milione di persone. Questo ed altri campi sono sempre più affollati.

In Iran arrivano di continuo centinaia di migliaia di profughi: insorti curdi e iracheni sciiti delle province sud-orientali di quel martoriato Paese, aggrediti dal governo di Saddam Hussein; curdi che fuggono dalla Turchia, dove sono sottoposti a bombardamenti e repressioni.

I nuovi profughi afgani stanno creando un problema di gestione dei campi improvvisati sulle frontiere orientali iraniane, e le autorità stanno pensando di inviare le donne afgane e i bambini nel campo di Sabzevar (Khorassan), mentre gli uomini saranno assegnati al campo di Bardascan (Khorassan).

Questa è la storia della nostra fuga dall'Afghanistan."

12
Il disegno non è più un enigma

"*Baba jun (giun)*, la frutta è pronta"; così Azar annuncia il suo arrivo.

Kuroshi si volta verso la porta: "*Dokhtar giun*, portala per favore."

Azar entra nella stanza con un vassoio di rame, contenente due grosse ciotole, anch'esse di rame zincato, una piena di piccoli cetrioli molto verdi e l'altra con tocchetti di melone giallo-rosa tagliati a forma di rombo. Entra anche la signora Kuroshi con un vassoio più piccolo, e distribuisce a ciascuno un piattino di porcellana con le posate. Azar appoggia il suo vassoio al centro della stanza e ci offre prima i cetrioli e poi il melone; ne prende per sé e per la mamma, e le si siede accanto.

Con grande soddisfazione cominciamo a mangiare la frutta e ne gustiamo la fragranza.

"Ora che mio padre vi ha raccontato la nostra storia, vi sarà probabilmente più facile interpretare il disegno del mio tappeto" dice Azar tra un boccone e l'altro.

"Il racconto rende più semplice la lettura dei motivi espressi nel tappeto, e scioglie l'enigma di quei simboli che prima ci erano oscuri" le rispondo. "I due tavoli con le brocche d'acqua di rose, le anfore e i salici piangenti simboleggiano i due lutti della famiglia, suo marito e suo fratello. Il versetto "non c'è Dio al di fuori del Dio unico Allah" dà notizia di un funerale. La colonna di auto in movimento racconta un grande esodo, una fuga di massa. Gli armamenti pesanti indicano una invasione massiccia e quelli leggeri rappresentano l'insurrezione popolare. I simboli tradizionali, che riempiono tutti gli spazi vuoti del tappeto, rivelano l'età giovanile della tessitrice, il suo naturale ottimismo e la voglia di vivere. Le innumerevoli "S", simboli di serpenti e draghi, annodati in ogni parte del tappeto, invocano dai tempi antichi la protezione dagli incendi e dai terremoti, ma anche dai bombardamenti aerei e dai cannoneggiamenti dei carri armati. Il simbolo della doppia mano di Fatima è anche rivelatore dei sentimenti religiosi della tessitrice. Il sole zoroastriano, o girandola, è il simbolo principale della vita, mentre la palma è quello della vita eterna.

Numericamente, i simboli di protezione dagli eventi distruttivi (della pace, della prosperità e della vita) sono di gran lunga superiori a quelli del lutto, della guerra e della distruzione; quindi sono superiori a quelli nefasti, e rappresentano l'ottimismo della tessitrice e comunicano all'osservatore una forte carica di vitalità.

Nel suo complesso il tappeto e il suo disegno mi piacciono, rappresentano un periodo storico e la vita vissuta dai popoli afgani e iraniani. È un quadro naïf dipinto su una struttura di lana, con le catene dell'ordito e della trama che sostituiscono la tela; ogni laccio di lana diversamente colorato è diventato un nodo persiano e sostituisce il tocco del pennello del pittore. Dall'insieme di nodi diligentemente legati uno vicino all'altro, e catena dopo catena, nasce questo quadro tessuto con la lana. È un quadro che ha un soggetto d'attualità, e mi sento di paragonarlo al celebre dipinto

"L'urlo", il grido della natura, del pittore norvegese Edvard Munch, realizzato nel 1893."

Termino con queste parole l'esposizione del mio pensiero e vedo sul volto dei presenti un'espressione di compiacimento: la mia spiegazione ha colto il giusto significato dell'intento della tessitrice.

Ebbi conclude con una semplice osservazione: "Piace anche a me."

Azar, visibilmente felice, ringrazia.

Kuroshi le dice: "*Dokhtar giun*, sei stata brava. Dio ti doni una lunga vita".

Concordiamo con Kuroshi un prezzo di 160.000 Rial, mille Rial in più rispetto al prezzo dell'ultimo tappeto da lui venduto (corrispondente allora a 355 dollari americani e 462.000 Lire italiane.) Ci stringiamo la mano e saldiamo il prezzo pattuito.

Kuroshi piega il tappeto come un lenzuolo, lo appoggia sul lato della stanza dove siamo seduti e ci formula auguri: "*Mobarake*".

A tutt'oggi quel tappeto appartiene alla mia famiglia; non sarà mai venduto, affinché i nostri figli e nipoti possano comprendere le sofferenze del popolo afgano.

13
Najibe, dalla Reggia alla prigione

Azar, che ci ha ascoltato attentamente, interviene: "Quando un paese è privo dell'indipendenza nazionale e della legalità democratica, nessuno dei suoi abitanti è al sicuro, né i cittadini né i governanti. Avrei piacere di farvi conoscere la mia amica d'infanzia Ozra. Vive con la sua famiglia in questo campo a due passi da casa nostra. Eravamo compagne di viaggio nella fuga dalla patria. Ha finito anche lei il suo tappeto; così potrete vedere un altro esemplare di questo genere, e vi potrà raccontare lei stessa un episodio tragico e interessante della recente storia afgana, che ha vissuto di persona a Kabul."

"Va benissimo. Sarebbe così gentile da dirle di venire?" chiedo guardando Ebbi, che annuisce con un cenno della testa.

Azar esce per avvertire la sua amica del nostro desiderio di conoscerla e di vedere il suo tappeto. Dopo qualche minuto torna insieme ad Ozra, che porta un tappeto sotto il braccio. Ci alziamo in piedi e salutiamo la ragazza.

Anche Ozra è mora, ha circa vent'anni ed è molto attraente; è vestita più o meno come Azar, ma con meno gioielli e ornamenti.

Le due ragazze stendono il nuovo tappeto al centro della stanza. A colpo d'occhio ne traggo una buona impressione; si tratta di un *Sejadeh*, misura adatta per un salottino, fatto interamente di lana. Ma nel disegno, con il campo lavorato a motivo Herati, noto subito qualcosa di strano. A chi non è esperto di tappeti orientali debbo spiegare che il motivo Herati, nato nella scuola del libro di Herat nel XIV secolo, durante il regno dei Timuridi, è formato da una rosetta centrale, circondata da un rombo e da due foglie. La caratteristica principale di questo motivo, molto diffuso in Persia e nei paesi vicini, sta nel fatto che, con una piccola variazione nella posizione e nella grandezza della rosetta centrale e delle due foglie che lo circondano e della loro colorazione, si ottiene un nuovo esemplare a motivo Herati, ma con un aspetto diverso. Di conseguenza, si possono produrre tanti tappeti differenti uno dall'altro. La novità e unicità del tappeto di Ozra, invece, è costituita dal fatto che al posto delle due foglie attorno alla rosetta, mostra due pistole miniaturizzate. La tinta del fondo è beige e le lavorazioni bordeaux, rosso, zafferano, marrone scuro e chiaro, verde, e blu scuro e chiaro. Nel complesso un bel disegno.

"Proprio bello", commento.

"Molte grazie", mi sorride in tono entusiasta Ozra; poi prende posto vicino alla signora Kuroshi. Azar distribuisce un bicchierino di tè e zollette di zucchero a tutti, e si siede accanto all'amica.

Kuroshi ci chiede: "Cosa ne pensate del tappeto di Ozra *khanom*?"

"Mi piace, è un genere nuovo e ha un disegno particolare; lo prendiamo", rispondo.

Ebbi chiede: "Qual è il prezzo del Suo tappeto?"

"Il mio tappeto ha un disegno molto più lineare rispetto a quello di Azar *Khanom*, però le dimensioni, la qualità dei materiali e la densità dei nodi sono eguali. Per il prezzo lascio fare a voi" risponde la ragazza.

"Va bene, ci metteremo d'accordo", replica Ebbi.

"Ozra *Khanom*, i signori vorrebbero sentire la storia di Najibe, la figlia del ministro", le dice Azar.

"Quella, come sai, è una storia lunga. Ho paura di annoiarvi", risponde Ozra.

"Al contrario, siamo molto curiosi di sentire quello che è veramente successo in Afghanistan, senza l'intermediazione spesso fuorviante dei mass media e direttamente da chi l'ha vissuto. Per questo le saremo grati per sempre", intervengo.

"Per qualche anno ho lavorato come donna di servizio in casa del signor Ziri, il Ministro della Sanità a Kabul.

Ero molto legata a Najibe, la figlia del Ministro, che mi ha raccontato più volte questa storia, tanto che l'ho imparata a memoria."

"Verso le dieci del mattino di giovedì 26 dicembre 1979 la signora Ziri, con i figli Najibe, di undici anni, e Harun, di tredici, si preparano per andare a casa di un loro parente per un pranzo organizzato in onore del nonno di Najibe, il padre del Ministro, che si trova a Kabul per qualche giorno.

Salem, l'autista, è pronto sull'uscio della grande casa per accompagnare la signora e i figli al pranzo. Ma il telefono squilla e la signora Ziri alza la cornetta. È la signora Amin, la First Lady dell'Afghanistan: dice che il Presidente, suo marito, ha invitato a pranzo i membri dell'ufficio politico del partito e le loro famiglie nel nuovo palazzo presidenziale, la Reggia di Tajbik. La signora Ziri spiega che suo suocero si trova a Kabul e loro sono invitati a pranzo a casa di un parente stretto. La moglie di Amin insiste: sarebbe molto contenta se accettassero l'invito, avendo la possibilità di visitare la reggia dello Zahir Shah[22].

Najibe e suo fratello Harun insistono per andare a pranzo dalla First Lady, e poi visitare il palazzo reale; riescono a convincere la madre, che si giustifica con i parenti adducendo un impegno imprevisto. Partono alla volta del Palazzo Tajbik, a bordo della Jeep guidata da Salem. Prima di uscire di casa la signora Ziri mi precisa che verso le tre, o al massimo alle quattro, saranno di ritorno."

Ozra si ferma un attimo, prende fiato e continua.

"Arrivano prima di mezzogiorno ed entrano nel palazzo; Salem rimane in auto nella piazza antistante al palazzo. Najibe, di fronte alla magnificenza di quell'architettura ottocentesca è estasiata. La costruzione forma un grande rettangolo sulla collina ed è rivestita di pietra rosa, con quattro torri agli angoli. Quello che colpisce è la grandezza delle

---

[22] L'ultimo Re dell'Afghanistan 1933 – 1973.

sale e i lampadari di cristallo nell'ingresso: sembra di essere in una di quelle regge indiane che si vedono a Bollywood.

La signora Amin, vestita in semplici abiti tradizionali afgani, li riceve e li accompagna nella sala dove già si trovano le mogli di altri Ministri; trattandosi di un pranzo tradizionale afgano, le signore mangiano in una sala e i signori in un'altra. Mentre li accompagna in sala da pranzo, la moglie di Amin parla dei restauri e degli arredamenti che ha intenzione di approntare all'interno del palazzo per renderlo più bello e comodo. La Lady si ferma un attimo sulla soglia della grande cucina e getta uno sguardo all'interno, per controllare che tutto proceda bene. Poi passano davanti a una stanza dove si trovano alcuni sovietici, quattro uomini e una donna bionda, con i lunghi capelli tirati indietro a coda di cavallo e due grandi occhi azzurri; la signora Amin spiega che i sovietici debbono controllare i cibi in cucina prima che vengano serviti."

Ozra si ferma un attimo e Kuroshi ci spiega:

"A quei tempi, dopo il Colpo di Stato del 27 aprile 1978 contro il generale Davud Khan, capeggiato da Nur Mohammad Tarehki (Segretario Generale del Partito Democratico del Popolo dell'Afghanistan, cioè il partito comunista filo-sovietico), in tutti i Ministeri del Paese lavoravano molti consiglieri militari e civili sovietici.

Nel settembre 1979 Hafizollah Amin, che era considerato il numero due del Partito e del governo, era entrato in conflitto con la fazione del Presidente Tarehki; durante i combattimenti il Presidente era stato ucciso e Amin era divenuto il Presidente della Repubblica dell'Afghanistan. Da quel momento la repressione politica era aumentata enormemente: migliaia di avversari politici, compresi molti comunisti appartenenti alla fazione Parcham (la bandiera), capeggiata dall'esiliato a Mosca Babrak Karmal, furono arrestati e fucilati."

Ozra riprese la parola:

Nella sala c'è una grande tavola da pranzo rettangolare, che le cameriere afgane, sotto la direzione della signora russa, hanno appena finito di apparecchiare. La signora Amin invita tutti a prendere posto a tavola; come primo viene servita una zuppa di verdure. Najibe nota che la signora russa, senza farsi notare, porta via il piatto che la signora Ziri, incinta di sette mesi, ha appena iniziato a mangiare.

Dopo il pranzo a tutti viene un gran sonno, come succede in estate, anche se si è in pieno inverno; molti ospiti, avvertendo qualcosa di anormale, lasciano immediatamente il palazzo, mentre gli altri si sdraiano sui tappeti della sala a dormire. La mamma di Najibe, visto che i suoi figli stanno dormendo, preferisce rimanere nel palazzo.

Poco dopo la situazione si fa confusa. Hafizollah Amin chiama il suo medico personale, il dottor Turehki, per farsi fare una lavanda gastrica, mentre molti altri ospiti si rivolgono al servizio medico del palazzo.

È il rumore assordante di un'esplosione – probabilmente il colpo di cannone di un carro armato – ad interrompere il sonno pesante di Najibe; apre gli occhi e vede che la televisione è accesa e sta trasmettendo un brano di Shah Vali. Sua madre le grida di stare lontana dalle finestre e ripararsi velocemente in corridoio.

Qui incontrano il Presidente Amin, pallido, in pigiama, accompagnato da suo figlio Abdul Rahman. Per Najibe è un fatto inaspettato vedere il presidente in quello stato e in pigiama, come se fosse una persona qualsiasi; lo ha visto sempre vestito in doppio petto e in abiti da cerimonia, a tenere discorsi in tv o alle manifestazioni militari, a comandare e a fare il Dio onnipotente in terra.

Il Presidente chiede agli altri suoi familiari: "Chi è? Chi sono? Chi ci ha attaccato?"

Najibe sente la moglie di Amin che grida: "Un momento, porto subito quello che vi serve in questi casi". Se ne va correndo in direzione delle camere da letto, e dopo un istante torna con due mitra a tracolla, una pistola e le scatole delle munizioni in mano; la figlia tredicenne cade a terra svenuta.

La signora Ziri vede gli occhi terrorizzati del tiranno Amin e capisce che il posto non è più sicuro.

Prega un uomo che passa nel corridoio: "Fratello, portaci via da questo luogo pericoloso". L'uomo vede una donna incinta con due figli piccoli accanto e risponde: "Vieni sorella"; li accompagna in un'altra ala del palazzo e li fa entrare in una stanza. La signora Ziri chiede all'uomo e ai figli di chiudere a chiave e accatastare tutto il mobilio a ridosso della porta; poi fa sedere i ragazzi sul pavimento lontano dalla finestra. L'uomo prende posizione vicino alla finestra e comincia a raccontare ciò che può vedere all'esterno: i combattimenti e il movimento dei blindati e delle truppe attorno al palazzo. La mamma di Najibe prega l'uomo: "Stai lontano dalla finestra, è molto pericoloso, puoi essere ferito da qualche proiettile o dalle schegge". E aggiunge: "Chi sono gli uomini che ci stanno attaccando?" L'uomo le risponde: "I blindati e i camion portano il colore e lo stemma dell'esercito afgano; anche i soldati portano l'uniforme dell'esercito afgano e sembrano appartenere alle popolazioni delle regioni settentrionali: turcomanni, uzbechi e tagichi".

La signora Ziri ripete continuamente ai figli di non addormentarsi, di recitare il piccolo Sureh iniziale del Corano "Alhamd" (il ringraziamento), mentre lei stessa recita incessantemente il Sureh "Aiat al korsi" (la preghiera per la protezione della persona e dell'ambiente da ogni pericolo). Fuori il rumore degli spari aumenta ancora. Najibe continua a recitare "Alhamd", ma il sonno pesante le fa chiudere gli occhi; si risveglia d'improvviso quando Ziri, con la delicatezza propria di una madre, la scuote leggermente.

L'uomo intanto continua a controllare ciò che avviene all'esterno; a nulla valgono le continue richieste della signora Ziri di allontanarsi dalla finestra, finché viene colpito da un proiettile al braccio sinistro; allora comincia a gridare per il dolore, stringe forte le dita attorno al braccio ferito e poi crolla a terra. La mamma di Najibe prende dalla borsa un foulard di seta e glielo annoda stretto a monte della ferita; poi ordina a quell'uomo, in maniera gentile ma severa, di restare seduto a terra, lontano dalla finestra e di tenere il braccio ferito sollevato verso l'alto.

Il fragore degli spari cessa con la contemporanea caduta dei lampadari e dei quadri; l'uomo guarda il suo orologio e mormora: "46 minuti d'incessante combattimento".

Passa quasi un'ora prima che si senta il rumore degli stivali dei soldati che corrono lungo il corridoio e aprono le porte delle stanze a calci. Colpiscono anche la porta della loro stanza, ma non riescono ad aprirla; un uomo giovane, in lingua farsi e con l'accento tagico, scandisce lentamente: "Conto fino a quattro; se non aprite cominciamo a sparare", e comincia subito a contare: "Uno, uno e mezzo, due…."

La madre di Najibe, preoccupata, grida con spiccato accento pashtun: "Bambini, bambini e donne!" La voce da fuori ripete: "Mettete a terra le vostre armi; conto fino a quattro: se volete rimanere vivi aprite la porta prima che arrivi in fondo".

La signora Ziri chiede all'uomo che è con loro di aprire la porta, e ordina ai figli di aiutarlo a spostare i mobili. Najibe tenta di alzarsi, ma rimane distesa sul pavimento: le sue gambe sono paralizzate.

Quando aprono la porta vedono dodici uomini, armati di mitra e di fucili di precisione, rivolti verso di loro. Trovandosi di fronte a una donna incinta e a due bambini, perquisiscono solamente l'uomo ferito.

Najibe è spaventata, non riesce a camminare, e un soldato sovietico la aiuta. Si dirigono tutti insieme verso l'uscita principale del palazzo.

Quel magnifico ingresso, che con le sue bellezze ha destato la meraviglia di Najibe, adesso è irriconoscibile: i lampadari di cristallo sono finiti a terra; le scale sono coperte di vetri e cristalli in frantumi; i tubi dell'acqua sono spaccati e i tappeti del corridoio sono inzuppati. Sul pavimento e sulla scalinata dell'ingresso giacciono numerosi cadaveri. La Signora Ziri raccomanda di continuo a Najibe: "Non guardare i cadaveri, non guardare i morti. Tira diritto e non guardarti attorno".

Najibe non ha più sonno, ma non riesce ancora a camminare, e il militare sovietico l'aiuta.

Li accompagnano in una grande stanza, dove trovano la moglie di Amin, che sta seduta sul tappeto e piange ad alta voce dondolando il corpo avanti e indietro. Guarda verso di loro e, quando vede la moglie del Ministro Ziri e i suoi figli, grida con la voce rotta dal pianto: "Hanno ammazzato mio marito, hanno ammazzato i miei due figli. Li hanno uccisi davanti ai miei occhi!". I singhiozzi le strozzavano la gola. Dopo una pausa riprende a raccontare: "Avevamo finito le munizioni; finché eravamo armati nessuno era entrato nel palazzo e molti fuori erano già morti. Non immaginavamo che fossero proprio i russi ad attaccarci; mio marito si fidava dei russi, mi diceva: 'I compagni russi ci aiuteranno a progredire e a creare una grande nazione afgana'. Io gli dicevo sempre che non doveva fidarsi: 'Caro marito, ricordati dell'esperienza dei comunisti iraniani del Partito Tudeh[23].

---

[23] Il Partito Tudeh "partito delle masse" era formato da gruppi popolari - operai e intellettuali - che, nel secondo dopoguerra, si adoperarono per attuare le riforme democratiche nel Paese, e per creare due Repubbliche Socialiste nelle regioni nord-occidentali dell'Azerbaigian e del Kurdistan iraniano. Ma Stalin si accordò con Roosevelt e Churchill, e dispose il ritiro delle truppe sovietiche dal nord dell'Iran; l'esercito dello Scià, allora, appoggiato ed equipaggiato dagli anglo-americani, occupò quelle due Repubbliche neonate e decimò tutti i comunisti e i cittadini

Ma lui mi rispondeva: '*Khanom*, io mi fido dei compagni: Kosygin, Primo Ministro, e Brezhnev, Presidente del Soviet supremo; tu devi stare tranquilla: vedrai che tutto andrà bene'. Certo, è andato proprio tutto bene!", termina con tono sprezzante.

"Aveva scelto persino un cuoco e una governante russi, e ospitava gli agenti del KGB nel palazzo, gli stessi che oggi ci hanno avvelenato. Il bersaglio dei russi era la nostra famiglia e tutto l'ufficio politico del Partito. Quando sono entrati i militari sovietici, travestiti con le uniformi dell'esercito afgano, nessuno di noi aveva più un colpo. Hanno cominciato a sparare all'impazzata: hanno ferito le mie figlie, Malali e Galali, e mio figlio Khavazak".

Fa una lunga pausa per ricostruire nella sua mente confusa tutti gli avvenimenti.

"Avevano in mano la foto di Amin. Sono andati verso mia figlia Quti che ha chiesto loro: 'Perché sparate a donne e bambini disarmati? Questa è la casa di Amin'. Un giovane tagico che li comandava, e che gli altri chiamavano tenente Simionev, le ha mostrato la foto di Amin e le ha chiesto con tono duro: 'Dove è lui?' Mia figlia non gli ha risposto. L'ufficiale si è guardato attorno e lo ha visto seduto sulla poltrona; ha puntato la mitraglietta che aveva in mano e, senza pensarci troppo, gli ha sparato una raffica".

---

che avevano creduto in quell'esperienza, e che non erano disposti a lasciare la propria terra e a scappare nell'Unione Sovietica, per poi essere respinti alla frontiera.

La signora Amin ha negli occhi quegli spari e prosegue raccontando con disperazione controllata ciò che ha dovuto vivere. Tutto è così inaccettabile da sembrarle irreale.

"Contemporaneamente hanno sparato anche altri soldati sovietici di etnia tagica e uzbeca. Hanno ferito gravemente anche i miei figli e le mie figlie, e hanno cessato di sparare solo quando nessuno si muoveva più.

Calata la notte, hanno avvolto nei tappeti i corpi di Amin, dei nostri figli, di quei pochi dirigenti del Partito e dei Ministri del governo che erano rimasti, e li hanno portati via, per seppellirli nel cimitero dietro al palazzo".

Mentre la moglie di Amin parla, la signora Ziri la ascolta piangendo e al termine del racconto grida: "Che tragedia, che Dio li maledica!" Poi, con tono tra lo speranzoso e il disperato, le chiede: "Sai qualche cosa di mio marito? Cosa gli è successo?"

La moglie di Amin risponde: "Dopo il pranzo lui ha lasciato subito il palazzo."

"Speriamo sia salvo!" mormora la signora Ziri, rivolgendo lo sguardo in alto e unendo le mani sul cuore.

Hanno portato in quella sala tutti coloro che sono rimasti vivi; ci sono anche alcuni ufficiali afgani senza cappello: hanno un aspetto malandato e le uniformi sporche di sangue e di polvere, segno dei combattimenti contro i sovietici. Vicino alla vedova di Amin sono stese a terra le due figlie Malali e Galali, tutte e due ferite, con le gambe bendate; si lamentano per il dolore insopportabile. C'è anche la nuora di Amin, che tiene in braccio il figlio di quattro mesi; suo marito, Abdul Rahman, è stato ucciso dai sovietici qualche attimo prima. C'è poi una donna anziana, la mamma della signora Amin, che tossisce continuamente. Sono tutti costretti a sedere su delle sedie di ferro.

Dopo qualche tempo entrano soldati afgani e sovietici e ordinano agli uomini di uscire dalla sala.

Verso le sette di sera portano delle conserve da mangiare e poco dopo arriva il tenente sovietico Simionev; è un giovane tagico, alto e snello, che si rivolge all'ex First Lady afgana: "Era giusto ammazzarlo. Ha commesso troppi crimini".

La signora Amin gli risponde: "Ti rendi conto che stai parlando a sua moglie? Meriti uno sputo in faccia. Che razza d'uomo sei?"

L'ufficiale lascia la sala in silenzio, chiudendo la porta dietro di sé.

La mamma di Najibe è preoccupata per suo marito e chiede alle signore presenti se hanno una radio. La signora Amin si rivolge a sua madre: "Mamma, hai nella tua borsa la radio che ti ho regalato?"

La signora anziana fruga nella borsa, tira fuori una piccola radio e la porge a sua figlia, che la offre alla moglie di Ziri scuotendo il capo: "Non me la sento di ascoltare le notizie".

La mamma di Najibe la prende, la accende e la sintonizza sulla frequenza di radio Kabul.

Da qualche giorno i mass-media afgani annunciavano che giovedì sera, 26 dicembre, il Comandante Supremo della Rivoluzione d'aprile nonché Presidente del Consiglio Rivoluzionario, Hafizollah Amin, avrebbe inviato un messaggio importante alla nazione. E infatti la normale trasmissione di radio Kabul d'improvviso si interrompe per qualche minuto, poi si ode la voce di un uomo che, con tono trionfale e pieno di sé dichiara: "Sono Babrak Karmal, il nuovo Segretario Generale del Partito Democratico dell'Afghanistan. Faccio i miei migliori auguri al popolo afgano, per la caduta definitiva del regime fascista di Amin. La spia sanguinaria dell'imperialismo, il dittatore assoluto, il demagogo e il bugiardo ha avuto la fine che meritava. Tutti i Ministri e i dirigenti del Partito devono presentarsi al più presto nella sede di radio Kabul."

La moglie di Amin ha un gesto di disgusto: "I russi hanno dato asilo e protezione a questo traditore, per arrivare ad un giorno come questo, e poterlo usare come una marionetta."

Verso mezzanotte i militari sovietici prelevano il gruppo delle donne con i bambini e lo accompagnano fuori dal palazzo passando dall'ingresso principale. Fa molto freddo e tira un vento gelido. L'ingresso è semidistrutto: il portone è stato abbattuto da qualche colpo di cannone dei carri armati russi. La piazza antistante è illuminata a giorno: le carcasse della auto civili e militari sono lì, abbandonate.

La madre di Najibe chiama ad alta voce il loro autista: "Salem dove sei? Salem sei vivo?" Non arriva alcuna risposta. Un militare sovietico le spiega: "Fuori del palazzo non è rimasto vivo nessuno".

In seguito qualcuno dirà che Salem è stato colpito da un proiettile, un altro racconterà che è morto di freddo mentre aspettava fuori dal Palazzo. Sarebbe potuto fuggire, e invece è rimasto ad aspettarli, a rischio della propria vita, per riaccompagnarli a casa.

Le fanno salire su una Jeep russa e le portano in una base militare sovietica, allestita pochi giorni prima in seguito ad un trattato di mutuo soccorso militare firmato da Amin il 5 dicembre del 1979. Le accompagnano in una stanza calda e grande, dove è accesa una stufa a kerosene; un militare russo, che parla poco il persiano, serve loro del tè caldo.

Restano chiuse in quella stanza, senza sapere cosa avrebbe riservato loro il futuro. In quel lungo giorno di detenzione nessuno le interroga.

Il secondo giorno vengono a visitarle tre ufficiali afgani: finalmente hanno occasione di parlare con qualcuno che le capisce. La madre di Najibe si presenta, chiedendo al comandante se ha notizie di suo marito Saleh Mohammad-Ziri. L'ufficiale risponde: "L'ex Ministro della Sanità è vivo ed è sano. Si trova nel carcere Polcharkhi".

"Grazie a Dio è vivo!", esclama la signora Ziri. L'ufficiale continua: "Suo marito dal Ministero è venuto direttamente al Palazzo; ha mangiato anche lui un po' di quella zuppa avvelenata. Quando si è sentito male, ha lasciato velocemente il palazzo ed è tornato a casa. Più tardi, quando il nuovo capo del Governo Karmal ha chiesto a tutti i Ministri di recarsi nella sede della radio afgana, si è presentato anche lui al nuovo governo. Di lì è stato portato al carcere Polcharkhi".

Gli ufficiali promettono che presto tutte saranno liberate e se ne vanno.

La sera del terzo giorno arriva un gruppo di ufficiali e di soldati afgani; il loro comandante comunica: "Vi portiamo via di qui e vi liberiamo." La notizia crea euforia tra le prigioniere; salgono sulle Jeep militari con la speranza di rientrare a casa.

Le strade di Kabul sono semibuie; ci sono poche persone e poche auto in circolazione. Najibe chiede a sua madre: "È proprio vero che torniamo a casa?". Sua madre le sussurra all'orecchio: "Non stiamo andando in direzione di casa nostra, stiamo andando verso il centro della città, ma non preoccuparti. Vedrai che prima o poi ci porteranno a casa"; cerca di rassicurarla nonostante anche lei sia spaventata. Chiede perciò all'ufficiale che è seduto accanto all'autista: "Signore, dove ci state portando? Questa non è la strada di casa nostra". L'ufficiale risponde: "Prima ci dobbiamo fermare in un ufficio per sbrigare alcune pratiche burocratiche, e poi vi accompagneremo a casa". La signora Ziri guarda Najibe sorridendole.

Arrivate al centro di Kabul, entrano nel cortile di un grande Palazzo, presidiato da numerosi militari armati; i vetri colorati delle finestre non permettono di vedere all'interno. Entrano, attraversano un lungo corridoio, vengono portate in una stanza abbastanza grande, pulita e arredata. Fuori dalla porta resta di guardia un piantone armato.

La signora Ziri sussurra: "Questa è la sede dell'AGSA, la polizia segreta afgana".

Poco dopo entra un signore afgano, benvestito e molto cordiale, che porta del pane fresco e kebab caldi; con tono gentile assicura: "State tranquille. Sarete presto liberate".

Ma la libertà che aspettano tarda ad arrivare. Giorno e notte fuori della porta e nel cortile del palazzo ci sono guardiani armati; persino per andare in bagno vengono accompagnate da un militare armato. C'è un silenzio di tomba; ogni tanto arrivano auto militari che scaricano delle persone, che vengono accompagnate nei sotterranei o ai piani superiori.

Il mattino del primo giorno chiamano la signora Ziri; Najibe ha una paura tremenda che non torni: non riesce ad immaginare la sua vita senza la madre accanto. Smette di piangere solo per far coraggio al fratello. Sono lunghe ore di attesa e di angoscia, ma finalmente verso le tredici sua madre torna; poi cominciano a tornare una dopo l'altra anche le sue compagne di detenzione. Najibe corre ad abbracciare sua madre; la stringe forte e la bacia sulla guancia, mentre dai suoi occhi cadono le lacrime. La madre contraccambia il suo bacio e corre ad abbracciare anche Harun.

Najibe chiede ansiosa: "Mamma, per favore, dimmi, ti hanno fatto del male? Ti hanno picchiata? Ti hanno torturata?"

"No, mia piccina, stai tranquilla. Mi hanno solo fatto tante domande sul papà e i suoi amici".

Najibe continua: "Mamma cosa pensi? Ci lasceranno liberi?"

"Spero vivamente, tesoro mio. Stai tranquilla. Dio è grande."

La Signora Amin parla sottovoce con le figlie e la madre abbracciandole. Quando si accorge che gli altri la osservano, asserisce: "Noi donne e bambini non c'entriamo niente con le attività politiche e con le azioni dei nostri mariti e genitori. Non ci possono trattenere a lungo. Non sappiamo un granché delle loro attività". Poi si avvicina alla signora Ziri e le sussurra all'orecchio: "State attenti a come parlate e agli argomenti che trattate. Possono aver nascosto dei microfoni per spiarci."

Najibe chiede alla madre: "Chi vi ha interrogato? In quanti erano? Vi hanno portato al piano di sopra o nei sotterranei?"

"Quel Signore che ci ha portato del kebab ieri sera dirigeva gli interrogatori. Ci hanno portato nelle stanze del piano di sopra. Gli inquirenti si davano il cambio. Ognuno faceva domande riguardo uno specifico argomento. Ogni tanto ci minacciavano: se non avessimo collaborato e detto tutto quello che sapevamo, ci avrebbero portato nelle stanze del sotterraneo e lasciate nelle mani di quegli specialisti dell'interrogatorio che per tanti mesi avevano servito il regime violento instaurato dai nostri mariti. Hanno interrogato spesso le compagne comuniste, che avevano una visione diversa da Amin[24]. Ci dicevano che nei cento giorni della

---

[24] Gli appartenenti alla fazione Parcham del Partito Democratico del Popolo.

dittatura assoluta di Amin, dal portone di questo palazzo sono entrati migliaia di oppositori o solamente sospetti d'opposizione al regime, e pochissimi ne sono usciti vivi. I più sono sepolti nelle fosse comuni al cimitero, e molti altri sono stati inviati nelle celle buie e fredde del carcere Polcharkhi."

Najibe chiede a sua madre: "Mamma, è vero che tu dirai tutto quello che sai degli affari e degli amici del papà?" La madre la stringe a sé e risponde: "Tuo padre era Ministro della Sanità e non si occupava di polizia segreta, interrogatori, carceri e fucilazioni. Di queste cose, anche se sapeva, non ha mai parlato a casa. Stai tranquilla, io dirò tutto quello che so."

La suocera di Amin intanto recita i versetti di una vecchia poesia persiana: "O morto ammazzato, chi avevi ucciso da vivo, per essere trucidato così miseramente?"

Restano tutti in quella stanza per tre giorni e tre notti; a turno la madre di Najibe, la signora Amin e le due figlie vengono chiamate per essere interrogate. Vogliono sapere tutto sui loro congiunti: le idee, le amicizie, gli affari, le parentele e le abitudini. Najibe e suo fratello sono dei bambini e vengono esentati da questi interrogatori lunghi e snervanti.

La detenzione nella sede dell'AGSA e gli interrogatori durano tre lunghi e interminabili giorni. All'inizio della quarta notte le caricano tutti sulle Jeep russe, scortate da un folto gruppo di militari afgani, per una destinazione non dichiarata. Percorrono diverse vie del centro ma poi si dirigono verso la periferia di Kabul. C'è un momento in cui passano davanti alla moschea del Re di due spade (Masjed Shah do Shamshir), costruita durante il regno di Amanullah Khan (1919 - 1929) accanto alla tomba del generale mongolo Chin Timur Khan che occupò il nord del subcontinente indiano nel 1527 ed aveva il titolo del "re di due spade". Questa moschea si trova al centro, sulla riva del fiume Kabul, ed è situata a poche centinaia di metri da casa Ziri; l'illusione del ritorno a casa dura purtroppo pochi minuti. Le Jeep continuano ad alta velocità in direzione della periferia e si allontanano sempre di più dalla città. Ormai è notte fonda; finalmente la carovana si ferma davanti al portone di una struttura simile a una fortezza; le pesanti porte si aprono e il convoglio entra nel cortile. L'ufficiale che le scorta ordina: "Scendete, siamo arrivati". La madre di Najibe scende per prima e, quando vede la costruzione, appoggia il palmo delle mani sulla testa, in segno di grande tristezza, e si lamenta: "O Dio, ci hanno portate in prigione."

Passano una per volta dall'ufficio di registrazione e l'ufficiale di guardia, dopo le formalità, le affida a un sergente e a due soldati ordinando: "Portatele al reparto numero tre". Il sergente risponde: "Sì, Signore. Fino a pochi giorni fa erano i loro mariti che uccidevano gli oppositori e mandavano in prigione i loro familiari; ora tocca a loro di soggiornare in quest'albergo a cinque stelle". E poi, ridendo con tono scherzoso, alza la mano destra in direzione dell'uscio e invita: "Prego, Signore accomodatevi".

Nel corridoio passano davanti ai carcerati che gridano alla moglie di Amin: "I vostri mariti hanno incarcerato centinaia di persone in queste celle; erano degli oppressori. Meritavano proprio la fine che hanno fatto!"

La signora Ziri risponde: "Quelle cose le hanno fatte i nostri mariti. Che c'entriamo noi donne? Perché dobbiamo rispondere delle loro azioni?" I carcerati si zittiscono.

Il reparto numero tre è composto da un corridoio basso e stretto, sul quale si aprono le porte di tre celle. Un cancello di ferro separa questo piccolo corridoio da quello principale. La Signora Amin e le figlie occupano una stanza, mentre nell'altra entrano la signora Ziri, i figli e la suocera di Amin.

La cella è umida, buia, puzzolente e con un finestrino sbarrato in alto. Quella sera nessuno dorme. La mattina del giorno successivo la madre di Najibe si toglie uno degli anelli, lo consegna al soldato che le ha accompagnate la sera precedente in cella e gli dice: "Prendi quest'anello d'oro. Per favore procuraci del sapone, un ago ed il filo per cucire. Devo lavare i teli dei materassi e delle coperte". Il soldato la guarda stupito, e accetta: "Va bene, purché non lo dica ai miei superiori". La madre annuisce: "Certo che non lo dico a nessuno". Il carceriere torna dopo qualche istante e consegna alla signora Ziri ciò che ha chiesto.

Pur essendo incinta, comincia ad aprire i materassi e le coperte, tirando fuori i cotoni appiccicati. Chiama Najibe e il fratello e li esorta: "Per favore, voi cominciate a sciogliere e ad aprire bene il cotone, mentre io provvedo a lavare i teli. Dovranno essere asciutti e ricuciti per stasera"; comincia a lavare i panni nel lavello e poi li stende per tutta la stanza. Non appena sono asciutti, comincia a cucire coperte e materassi e a sistemarli perfettamente. Quella notte dormono in letti puliti e piuttosto morbidi. La suocera di Amin, tossendo rumorosamente, ogni tanto li sveglia.

La mattina del terzo giorno si presentano alla porta della cella due giovani ufficiali; quello di grado superiore, che tiene in mano un foglio di carta, si rivolge alla signora Ziri: "Questo è l'ordine della vostra scarcerazione. Siete liberi. Vi accompagniamo a casa." Nessuno di loro ci crede.
L'ufficiale insiste: "Uscite! La macchina è pronta nel cortile del carcere". Escono dalla cella e vanno in cortile; salgono sul sedile posteriore di un'automobile, una Volga russa, con due ufficiali sui sedili anteriori e partono in direzione della città. I famigliari di Amin restano in carcere.

Quando finalmente entrano nella via che porta alla loro casa e si fermano davanti al portone, scoppiano tutti e tre in un pianto liberatorio. L'ufficiale scherza: "Avete visto che siete davvero liberi?". La madre risponde: "Grazie, spero che non capiti a nessuno quello che è successo a noi". Scendono dall'auto; scende anche l'ufficiale, che consegna il foglio alla madre: "Signora Ziri, questo ordine di scarcerazione lo tenga sempre a portata di mano". Salutano e bussano al portone; subito viene aperto e, solo quando sono entrati, i militari se ne vanno.

Il cameriere Nabil, che ha aperto il portone, nel vederli rimane a bocca aperta e, quasi sciocccato, a fatica mormora: "Grazie a Dio, siete tornati sani e salvi"; poi prende fiato e grida: "Ozra *khanom*, corri, sono tornati a casa la signora Ziri e i signorini!"

Sento il grido di Nabil, corro fuori dalla cucina e mi dirigo verso il portone di casa; la prima persona che incontro è Najibe: l'abbraccio stringendola forte e la bacio sulle guance; bacio sulle guance anche Harun. Cerco la mano della mamma di Najibe per stringerla e baciarla, ma lei mi abbraccia e mi bacia. Piangiamo tutt'e due di gioia. Dietro di me vedo il signor Ziri, il nonno di Najibe, che abbraccia i suoi nipoti.

Escono molti ospiti sulle terrazze e in cortile; la Signora Ziri, vedendo tutta quella gente, mi chiede: "Ozra, dimmi, che cosa è successo? Come mai tutti i parenti sono da noi?"

Rispondo piangendo: "Credevamo che foste tutti morti durante l'attacco al palazzo presidenziale e stavamo terminando la vostra cerimonia funebre". Sorrido tra le lacrime: "Ci sono tutti i parenti e gli amici. Entrate, saranno contenti."

I parenti e le amiche della signora Ziri, che fino a un attimo prima erano tristi e piangenti, cambiano umore e si affollano attorno a Najibe, Harun e alla loro madre per abbracciarli e baciarli.

Hajaqa Ziri chiede a sua nuora: "Avete qualche notizia di mio figlio?"

La signora Ziri lo informa: "Durante la nostra detenzione nella base militare sovietica, un ufficiale afgano ha detto che è vivo, ma prigioniero nel carcere Polcharkhi di Kabul. Da allora non abbiamo saputo più niente".

L'anziano signore si consola: "Ritornerà sano e salvo anche lui. Ora, visto che siamo tutti riuniti, festeggiamo quest'evento inaspettato". E poi aggiunge: "Prego, rientriamo nelle sale per bere del tè e mangiare dolciumi".

Anche la signora Ziri, mentre abbraccia sua sorella maggiore, ribadisce: "Sì, sì, prego, rientriamo tutti in casa.

Vi voglio vedere tutti. Dio sa quanto vi ho pensato durante la detenzione! Vi voglio tanto bene. Io e Najibe andiamo con le signore, tu vai con il nonno nella sala riservata agli uomini e fai gli onori di casa". Il nonno sorride: "Harun *giun*, vieni con me. Se Dio vuole, il pericolo è passato. Vieni caro nipote e, se hai voglia, raccontaci un po' di quello che è successo."

Harun, mentre si dirige verso la Sala degli ospiti, mano nella mano del nonno, sospira: "Abbiamo passato giorni e notti terribili. Caro nonno, non so da dove cominciare". Piangendo e a fatica, quasi sussurrando, gli promette: "Caro nonno, un giorno vi racconterò tutto. Ora non sono in grado di farlo. Voglio starvi vicino e festeggiare il nostro ritorno a casa". Fa un respiro profondo e aggiunge: "Chissà, forse da un momento all'altro torna anche il papà".

Il vecchio Ziri siede, mentre dai suoi occhi lucidi cadono lacrime che bagnano la sua lunga barba bianca; stringe Harun a sé e gli dice: "Caro Harun, la vita è difficile per tutti: per noi afgani, privi di libertà e democrazia da secoli, è ancora più difficile. Tutti pensano che il nostro paese sia la terra di nessuno; tutti s'intromettono nei nostri affari interni, occupano la nostra terra, e si illudono di poter restare a lungo. Li abbiamo cacciati sempre e abbiamo liberato il nostro paese da ogni occupazione militare. Quello che dobbiamo imparare (ed è compito soprattutto della gioventù afgana) è come far convivere in pace e in democrazia tanti popoli diversi, con lingue, razze, religioni differenti, senza avere la pretesa di prevaricare le altre etnie."

Tutti gli uomini e le donne, nel cortile della casa, hanno fatto cerchio attorno a *Hajaqa* Ziri e a suo nipote e ascoltano, approvando in silenzio la lezione che il nonno impartisce al giovane Harun."

Così termina il suo racconto Ozra, l'amica di Azar. Gli eventi che hanno coinvolto l'Afghanistan non hanno lasciato indenne nessuno, né i ricchi, né i poveri, né i potenti e nemmeno i normali cittadini.

Siamo rimasti tutti molto scossi da questa storia.

Kuroshi interviene: "Vedete cari amici, anche le nostre terre hanno conosciuto periodi di pace. La storia dell'Afghanistan è antica: le prime Polis furono costituite dopo l'invasione di Alessandro Magno nel IV secolo avanti Cristo. In quelle Città Stato, ognuno perdeva qualche diritto e alcune libertà personali, partecipando secondo le proprie possibilità alla gestione e alla difesa della sua città e del suo territorio. Questi contributi di tempo e di denaro per la cosa pubblica erano offerti per un bene più grande: la libertà personale e d'opinione, la garanzia dei diritti individuali, del diritto alla vita e alla giustizia imparziale, oltreché al governo del popolo. Per alcuni decenni i popoli iranici, in questi altipiani, hanno vissuto in pace e libertà senza essere sottomessi al dominio dei Re, dei principi, delle oligarchie militari e tribali, del capo del clero e dei suoi sacerdoti. Questa magnifica era è durata purtroppo pochi anni: è divenuta possibile per il vuoto lasciato dai poteri tradizionali, in seguito alla vittoria delle truppe greco-macedoni nei territori dell'impero persiano, che ha causato il crollo dell'impero Achemenide e ha messo temporaneamente fine alla supremazia del clero zoroastriano.

In un Paese dove manca la legalità e la democrazia, nessuno può vantarsi di essere al sicuro. I governanti si riparano all'interno della cittadella-fortezza e i cittadini si chiudono dietro le mura del castello, vivono costantemente nel timore l'uno dell'altro, e ambedue nel terrore di un attacco del nemico esterno. Il mondo senza la legalità democratica diventa una giungla, dove domina la legge del più forte."

"Dobbiamo ringraziare la signora Ozra per questo racconto reale e commovente. È proprio vero, quando manca la legalità nessuno è al sicuro, né i governanti né i governati" concludo con rammarico.

Ozra ci guarda: "Grazie a voi per avermi voluto ascoltare. Ora io dovrei tornare a casa" e si alza in piedi.

Ci alziamo anche noi. Mentre saluto Ozra, le ripeto: "Grazie ancora per il racconto di Najibe e per il bel tappeto che ha realizzato. Saprò apprezzarlo per tutta la vita. Dio La protegga e Buona fortuna".

Ozra, dopo aver salutato tutti, esce dalla stanza accompagnata da Azar.

Kuroshi ci prega di accomodarci, e ci versa di nuovo un bicchierino di tè.

Figura 7 Tappeto afgano Hezareh di Ozra cm 200 X 115.

Figura 8 Particolare del tappeto afgano di Ozra con il motivo herati decorato con pistole e rosette.

14
Siavash il giovane profugo afgano

Dal portone d'ingresso si sente bussare forte.

"Siavash è arrivato. Quando torna a casa, spesso passa a salutarci" ci spiega Kuroshi.

Azar sia alza e va ad aprire la porta.

Siavash entra nella stanza e saluta tutti cordialmente. Ebbi ed io ci alziamo, gli stringiamo la mano, contraccambiando il saluto, e ci presentiamo.

I genitori lo salutano calorosamente; si siede vicino a suo padre che gli versa un bicchierino di tè con aggiunta di acqua bollente.

Kuroshi, mi chiede di spiegare com'è la vita in occidente, perché Siavash e la sua giovane sposa Neda sono tentati di partire per l'Europa. L'incontro con un mercante di tappeti residente in Italia è del tutto inaspettato, e di conseguenza padre e figlio cercano di ottenere più informazioni possibili sul sistema di vita in quel continente.

Kuroshi mi informa: "Siavash ha compiuto da poco diciannove anni e già lavora da alcuni mesi come muratore in un'impresa edile a Taibad (Taybad), mentre Neda ancora studia. Qui, al campo di Dogharoon (Dogharoun), riusciamo a cavarcela relativamente bene: abbiamo il ricavato delle vendite dei tappeti (mia figlia e mia moglie riescono a tesserne uno ogni mese e mezzo); in più riceviamo i sussidi del governo iraniano e dell'alto commissariato per i rifugiati dell'ONU, e poi abbiamo qualche risparmio portato dall'Afghanistan.

Invece è molto difficile la vita per i nuovi profughi, a cui è stata assegnata una tenda per gruppo familiare; debbono sopportare il caldo estivo e il freddo invernale, attendere il permesso di soggiorno e di lavoro dalle autorità iraniane, e quindi vivere solo con i sussidi.

Siavash ha frequentato gli studi liceali in Afghanistan e ha potuto terminarli qui a Taibad (Taybad). Ora vorrebbe partire per l'Europa. Ci dica, Hossein *Agha*, quali consigli ci può dare a questo proposito, dal momento che lei vive in Italia da anni?"

Rifletto un'istante e poi: "Mi creda, Signor Kuroshi, oggigiorno è molto difficile dare una risposta alla sua domanda. Se potessi tornare indietro, e vivessi in un paese normale, probabilmente non andrei via dalla mia terra. Per essere onesto, devo dire che sia i Comuni sia gli italiani che ho avuto la fortuna di conoscere, dal novembre 1967 a oggi, nella stragrande maggioranza, mi hanno accolto a braccia aperte e mi hanno dato le opportunità per vivere bene.

Per il fatto di essere tra i primi studenti iraniani in Italia, ho avuto delle opportunità che oggi sono molto più rare. Ad esempio il settore dell'importazione e del commercio di tappeti orientali, ora in crisi e inflazionato, allora era molto aperto e interessante.

Ho potuto avviare una sana attività commerciale d'import-export col mio paese d'origine, mettendo a frutto tutte le mie conoscenze di ambedue i paesi. Quando sono partito pieno d'entusiasmo per l'Italia, con destinazione Perugia, il mio intento era di completare gli studi universitari e tornare presto nel mio paese. In quei formidabili anni del sessantotto ho aderito al movimento studentesco iraniano, la Confederazione degli Studenti Iraniani (Unione Nazionale), attiva nei Paesi dell'Europa occidentale e del Nord America. Ho imparato per la prima volta ad esercitare i miei diritti democratici di parola, di stampa e di associazione. Ho cominciato a praticare l'arte della politica, a frequentare altri connazionali, a prendere accordi sui principi basilari e condivisi da tutti: la lotta contro l'ingerenza dell'imperialismo americano in Iran, la cacciata dello Scià, considerato il principale strumento del neo-colonialismo, il rispetto dei diritti sanciti nella "Dichiarazione Universale dei Diritti dell'Uomo" e infine l'applicazione della costituzione democratica del 1906, cioè libere elezioni per il governo parlamentare e federale del paese. Attorno a questi quattro basilari e chiari principi, che erano reclamati dal popolo iraniano, la stragrande maggioranza degli studenti iraniani all'estero si è raccolta formando un'organizzazione di categoria pubblica e democratica.

Gli studenti iraniani, appoggiati dai movimenti studenteschi dei paesi occidentali presso cui si trovavano, hanno chiesto ad alta voce il rispetto della carta costituzionale iraniana da parte del Re.

Ma non era intenzione dello Scià Mohammad Reza Pahlavi di fare soltanto il Capo dello Stato, lasciando la conduzione del Paese ad un governo e ad un parlamento democraticamente eletti, com'era sancito dalla costituzione del 1906.

Anch'io sono stato schedato dagli agenti della Savak, la famigerata polizia segreta, come altre migliaia di studenti iraniani all'estero; questo avvenimento mi ha reso difficile e pericolosa la via del ritorno.

Per ogni giovane che parte, la sua città perde un'enorme opportunità. Questa partenza è spesso senza ritorno e causa un maggiore impoverimento per la sua terra. Quando si tratta di un giovane istruito e appena diciannovenne (è il caso di vostro figlio Siavash), questa perdita è ancora più grave".

Kuroshi ribadisce: "È come se si piantasse un albero di noce, lo si innestasse e curasse per diciannove lunghi anni, sperando che entri in produzione e, una volta pronto per dare una soddisfacente raccolta, l'albero venisse estirpato dal proprio giardino e ripiantato a migliaia chilometri di distanza, in una terra straniera non sempre accogliente, anzi, spesso avversa. Tutto questo è traumatico per il suo giardiniere. Questo trapianto lascia un largo vuoto nel suo giardino ed uno ancora più profondo nel suo cuore."

Aggiungo: "Prima che l'albero di noce, privato delle sue lunghe radici, riprenda la vita nella nuova dimora, ammesso e non concesso che ciò avvenga, ci vorranno lunghi anni d'attesa e di sacrifici."

Ebbi, che in silenzio ascolta attentamente la conversazione, interviene: "Gli abitanti dei paesi industrializzati sono il 15 per cento della popolazione mondiale. Il tasso annuo di crescita della loro popolazione indigena è sotto, o vicino a zero. Per tenere alto il loro livello di vita, non hanno bisogno solo delle materie prime e delle riserve del sottosuolo dei paesi in via di sviluppo, o per meglio dire "tenuti in sottosviluppo", ma necessitano anche di cervelli e di braccia. Non solo, ma impongono prezzi bassi ai prodotti agricoli e ai minerari, e talvolta contribuiscono a promuovere le guerre tra gli stati confinanti. Ne è un esempio la guerra tra Iraq e Iran: nel settembre 1979, a pochi mesi dalla cacciata dello Scià e dalla rivoluzione, Saddam Hussein viene finanziato, armato e incoraggiato a invadere l'Iran. Quando diventa importante avere il controllo delle materie prime, e in particolar modo di quelle energetiche, i paesi industrializzati impongono la dittatura con il colpo di stato militare."

E continua: "Il classico esempio storico è rappresentato dall'intervento effettuato contro il governo di Mossadeq in Iran. Il 13 agosto 1953 lo Scià di Persia Mohammad Reza Pahlavi firma illegalmente il decreto che destituisce il Premier Mossadeq, sotto la pressione dei governi britannico e americano, nominando il generale Zahedi (Zahedee) primo ministro; incarica il comandante della guardia reale, il colonnello Nematollah Nasiri, di consegnare il decreto al capo di governo, e parte subito per la sua villa di Ramsar sulla riva del Mar Caspio.

Ma il colonnello Nasiri, futuro capo della famigerata Savak, la polizia segreta dello Scià, viene arrestato e il reparto che lo accompagnava disarmato dalla guardia fedele a Mossadeq. Il giorno successivo lo Scià, accompagnato dalla moglie Soraya, a bordo di un piccolo aereo pilotato da lui stesso, fugge prima alla volta di Baghdad e poi a Roma, dove lo raggiunge il capo della Cia, Allen Welsh Dulles, per coordinare le future azioni. Il 19 agosto 1953 la CIA americana e i servizi segreti inglesi organizzano un colpo di stato contro Mossadeq. Lo Scià, accompagnato da Soraya, torna a Teheran sul trono del pavone; il suo nuovo Primo Ministro, generale Fazlollah Zahedi (Zahedee), riconsegna il petrolio iraniano alle sette compagnie petrolifere anglo-americane chiamate Sette Sorelle che, indisturbate, sfruttano i giacimenti petroliferi iraniani fino agli scioperi generali dell'autunno 1978.

Il primo febbraio 1979, giorno della vittoria della rivoluzione islamica in Iran e del ritorno dell'Aiattollah Ruhallah Khomeini dal lungo esilio, prima in Iraq e poi a Parigi, termina per sempre questo sfruttamento.

Pochi giorni prima (il 16 gennaio 1979) lo Scià e la sua terza moglie, Farah Diba, fuggono ad Assuan, in Egitto, a bordo dell'aereo reale, accompagnato da quattro aerei militari da trasporto, carichi dei loro oggetti personali e della salma di suo padre lo Scià Reza Pahlavi. La sua ricchezza all'estero viene stimata in quaranta miliardi di dollari. Va ricordato che lo Scià è morto esiliato in Messico, due anni dopo, per un cancro ai reni, ed è stato sepolto al Cairo, in Egitto, accanto alla tomba del padre.

Un altro esempio evidente delle ingerenze di paesi stranieri è il colpo di stato del generale Augusto Pinochet (l'undici settembre 1973) in Cile, contro il governo democratico di Salvador Allende, che stava per nazionalizzare le miniere di rame. Le grandi potenze militari dei paesi industrializzati, per proteggere i propri interessi, che spesso sono in contrasto con gli interessi nazionali dei popoli del terzo mondo, non esitano ad intervenire militarmente e ad occupare i paesi sovrani.

Naturalmente tali operazioni sono più semplici se questi paesi sono governati da regimi dittatoriali e antipopolari con un apparato militare repressivo. Le guerre, il dispotismo, le dittature, l'analfabetismo, la povertà, il disboscamento selvaggio e la desertificazione, il non sviluppo industriale ed agricolo, in Africa, Asia ed America latina, sono serviti e servono a costringere a cedere le materie prime ai prezzi e alle condizioni che impongono le compagnie multinazionali.

Indirizzare la produzione agricola di un paese verso le monocolture, ad esempio produrre solo il caffè, il cacao o il tè, per poi essere costretti a vendere il prodotto a prezzi bassi a causa della sovrapproduzione, e importare le derrate alimentari per il fabbisogno della popolazione a prezzi alti, ha contribuito a far crescere la povertà e l'insicurezza in molti Paesi dell'Africa, dell'Asia e dell'America latina.

Un'analoga considerazione si può fare per quanto riguarda la spinta ai giovani ad abbandonare le loro terre e ad emigrare verso l'Europa occidentale e l'America del nord, per svolgere i lavori che in quei paesi non vuole svolgere più nessuno, e subire umiliazioni da parte della popolazione locale, sempre più arrogante e xenofoba e meno solidale e cristiana.

È ovvio che l'immigrazione, per i paesi industrializzati, è un fenomeno vitale e necessario, ma quando non è controllato e governato, crea gravi problemi di sicurezza e disagio per la popolazione locale. Di questa situazione approfittano i partiti xenofobi, che fondano la loro fortuna elettorale sulla paura dello straniero. In altre parole diventano imprenditori a basso costo della paura dell'altro, spesso infondata e creata ad arte. Addirittura, in alcuni paesi europei, si svegliano dal letargo alcuni nostalgici, che negano lo sterminio degli ebrei per opera dei nazifascisti, prima e durante la seconda guerra mondiale. Chissà per quali obiettivi falsificano così sfacciatamente la storia recente europea, con tanti testimoni oculari ancora in vita."

15
Siavash, quale futuro

Kuroshi, rivolgendosi a Siavash, lo esorta: "Perché non vai a chiamare Neda? Così possiamo presentarla ai nostri ospiti. Penso che le nostre conversazioni potrebbero essere interessanti anche per lei".

"Grazie. Penso proprio di sì. Vado a chiamarla subito", annuisce Siavash ed esce dalla stanza. Torna dopo qualche minuto accompagnato dalla sua giovane e bella sposa.

Quando entrano nella stanza, ci alziamo tutti e salutiamo, naturalmente senza dare la mano alla ragazza.

Siavash e Neda ci ringraziano e ci pregano di accomodarci. Ci sediamo di nuovo. Kuroshi inizia a versare del tè per tutti; aveva proprio ragione quando ci aveva parlato della bellezza e del carisma di sua nuora, raccontandoci la storia del matrimonio.

Neda si è vestita con abiti molto simili a quelli di Azar; per la freschezza dei suoi diciassette anni, senza trucco, è veramente una bella ragazza.

Approfitto di un momento di silenzio per fare gli auguri e i complimenti alla ragazza, che ricambia con molto garbo e con parole appropriate.

Siavash distribuisce le tazzine del tè e si siede vicino alla sua sposa. Mentre sorseggia il tè mi chiede: "Non ci sono in Europa paesi che abbiano bisogno di mano d'opera qualificata? Perché non istituiscono dei concorsi nelle nazioni dove c'è forte richiesta, per poter selezionare i più idonei tra i candidati?"

Gli rispondo: "Questo lo ha fatto la Germania quando si è rivolta alla Turchia agli inizi degli anni Sessanta, perché non erano sufficienti gli immigrati dell'Europa meridionale per la ricostruzione del paese durante il boom economico. Ma oggi, per la sovrabbondanza di manodopera, in loco non praticano più questo saggio programma.

Qualora un cittadino tedesco o un residente in Germania si sposi con una cittadina straniera, questa, prima di ottenere il visto d'ingresso, dovrà studiare almeno per un anno la lingua tedesca, la costituzione e le leggi fondamentali del Paese, e poi dovrà superare un esame presso il consolato della Repubblica della Germania Federale nel suo Paese, e dimostrare la conoscenza della lingua e delle leggi fondamentali tedesche."

Siavash è pensieroso: "Allora Lei mi sconsiglia di partire per l'Europa?"

"Sì", rispondo con tono deciso. "Dovrai restare vicino alla tua famiglia. Tenta di dare un contributo diretto per ristabilire l'indipendenza, la democrazia ed il federalismo, principi necessari in un paese multietnico come l'Afghanistan. Quando raggiungerai questi obbiettivi, potrai vivere dignitosamente nella tua terra."

Kuroshi interviene: "Siavash le sta chiedendo un orientamento per il suo futuro."

Continuo: "Per ogni giovane istruito è fondamentale conoscere bene innanzi tutto la propria lingua, in secondo luogo l'inglese; grazie alla diffusione dei mezzi di comunicazione, oggi è più facile praticarlo. È indispensabile che un giovane sia curioso delle nuove tecnologie e pieno di voglia di impararle. Nel caso che decida di studiare, deve perseverare fino al raggiungimento di una specializzazione. Oggi studiare all'estero è più difficile che in passato, perché le iscrizioni degli studenti stranieri negli atenei europei sono contingentate, e richiedono sufficiente conoscenza della lingua ufficiale del paese e il superamento di un concorso molto selettivo. Per una famiglia del terzo mondo resta un'impresa costosa a dismisura."

Poi, rivolto direttamente a Siavash: "Se decidi di lavorare, devi conoscere bene qualche mestiere; in ogni parte del mondo sono richiesti gli idraulici, gli elettricisti, i ceramisti, i decoratori, i carpentieri, i fabbri, i falegnami e gli infermieri.

Quindi, se proprio decidi di andare all'estero per trovare uno sbocco per il futuro, devi scegliere un paese a vocazione multietnica, un paese dove molti sono immigrati o discendono dalla gente che è approdata in quella terra in un passato recente. Questi paesi sono in primo luogo gli Stati Uniti d'America, poi il Canada, la Nuova Zelanda, l'Australia e il Brasile. Sono tutti paesi con maggiore opportunità per gli immigrati, dove la lingua parlata, eccetto il Brasile, è l'inglese, e che da decenni hanno scrupolosamente pianificato l'accettazione dei nuovi immigrati. Naturalmente devi inoltrare alle loro rappresentanze diplomatiche una regolare domanda, e tenere presente che anche questi paesi hanno difficoltà a controllare il flusso degli immigrati dalle aree più povere del mondo. In ogni caso un immigrato non può e non deve mai perdere i contatti con la propria terra e la propria cultura d'origine."

Kuroshi mi sorride: "Grazie per tutti questi consigli".

Anche Siavash mi ringrazia, e afferma che non dimenticherà mai quello che gli ho detto.

"Dobbiamo alzarci" mi ricorda Ebbi. "Abbiamo molta strada da percorrere fino a Mashhad."

"Ci farebbe piacere se vi fermaste stasera da noi" propone Kuroshi.

"Vi ringraziamo tanto dell'ospitalità" risponde Ebbi, "Non mancherà l'occasione di tornare a trovarvi. Ma domattina dobbiamo essere a Mashhad."

Tutti insieme ci alziamo e usciamo uno alla volta dalla stanza.

Prima di varcare la soglia di casa, mi porto la mano destra sul petto e mi volgo verso Azar e sua madre: "Grazie per la vostra gentile ospitalità. Conserverò per sempre il vostro tappeto come ricordo di quest'incontro".

Poi, guardando Azar, aggiungo: "Saprò valorizzare la sua opera. *Khoda negahdar*, Dio vi protegga."

Usciamo di casa e ci salutiamo calorosamente stringendo le mani di Kuroshi e di suo figlio Siavash.

Saliamo in macchina e, alzando la mano destra, salutiamo un'ultima volta Kuroshi e Siavash, che a loro volta rispondono al saluto.

16
L'arrivo del tappeto di Azar in Italia

Sono tornato in Italia e ho ripreso il mio lavoro d'importatore di tappeti persiani a Pesaro.

Sono passati un paio di mesi e finalmente ho ricevuto la partita di tappeti che avevo acquistato a Mashhad e a Teheran; è stato il mio fornitore di Teheran, Rasul, a curare le operazioni di lavaggio, rifinitura, imballaggio ed esportazione della merce per via aerea.

Non vedevo l'ora di rivedere il tappeto di Azar, la ragazza afgana di Dogharon.

Ho controllato la distinta della merce e, insieme al mio commesso Gianni, ho aperto la balla che conteneva questo e altri tappeti tribali e Beluci del Khorasan.

Ho trovato subito il pezzo che cercavo e lo abbiamo steso sul gruppo dei Sejadeh nell'atrio del negozio, vicino alla grande vetrina.

In questo pomeriggio assolato di fine luglio, grazie al buon lavaggio che ha avuto a Teheran, il tappeto mi sembra più bello di quanto ricordassi.

Gianni, che dal 1974 lavora con me e di tappeti ne ha visti tanti, mi guarda: "Che strano tappeto; non avevo mai visto un disegno simile. Sembra un arazzo, con una storia raccontata per mezzo di nodi e lacci di lana differentemente colorati."

"Che cosa ti dice questo tappeto?"

"Le colonne di auto al centro, accerchiate da carri armati, elicotteri militari, batterie antiaeree e missili, raccontano chiaramente la storia di un esodo e di una guerra. Dove l'hai trovato?" mi chiede.

Gli racconto brevemente la storia del tappeto di Azar .

"Si vede che ci tieni tanto a questo tappeto. Ti dò un suggerimento: portalo subito a casa. Altrimenti c'è la probabilità che qualcuno ti faccia un'offerta e se lo porti via, lasciandoti a bocca asciutta".

"Hai proprio ragione. Mi è successo già tante volte. Se i clienti non lo vedono, non lo possono neanche desiderare. Sceglieranno qualche altro pezzo. Di tappeti belli e particolari ne ho acquistati tanti".

Vivere sui tappeti, oltre all'impareggiabile confort, mi dà la sensazione di trovarmi sempre a casa: nei luoghi dove sono nato e ho vissuto la mia infanzia, l'adolescenza e la giovinezza.

Ma, dov'è la mia casa?

La mia casa è in Italia, dove amo stare con la mia famiglia, perché posso vivere e scrivere in piena libertà, e mi sento a mio agio, perché il valore della legalità è certo.

Dove sono ora i protagonisti del racconto?

L'occupazione sovietica dell'Afghanistan è durata più di nove anni dall'inizio del conflitto.

In seguito agli accordi di Ginevra del 14 aprile 1988 tra Afghanistan, Pakistan, U.R.S.S. e Usa, il ritiro dell'esercito sovietico è stato completato entro la scadenza stabilita: il 15 febbraio 1989 il generale Boris Gromov, ultimo comandante della 40ª Armata, ha attraversato simbolicamente il ponte sull'Amu Darya come "ultimo soldato sovietico", ponendo fine al coinvolgimento dell'URSS in Afghanistan. Lo stesso giorno, dopo otto anni, nove mesi e ventisei giorni di lungo e duro esilio, una folla di afghani ha potuto intraprendere il tanto sospirato ritorno in patria.

Quando, all'inizio del 2010, stavo completando la prima stesura di questo racconto, sono riuscito ad acquisire, per via diretta o indiretta, le notizie seguenti riguardo ai principali protagonisti.

Azar Kuroshi: ha sposato Babak Azadi nel campo iraniano di Dogharon. Alla partenza dei russi sono tornati in patria assieme alle loro famiglie e a molti dei compagni della fuga del lontano 19 aprile 1980; questa volta il tragitto di circa duecento chilometri dal campo di Dogharon ad Herat viene coperto in meno di tre ore, e nella stessa giornata arrivano a Do-Ab. Con l'aiuto dei genitori, hanno aperto un laboratorio artigianale di tappeti Hezareh.

Arash e Shirin Kuroshi: sono tornati a Do-Ab e hanno ripreso la cura della loro fattoria alle porte del Paese; sono molto legati ai loro nipoti.

Siavash e Neda Kuroshi: si sono stabiliti a Herat, dove vivono in una grande casa con i figli e i nipoti. Siavash è impresario edile.

Sirus e Nasrin Azadi: i genitori di Neda sono rientrati a Do-Ab dove, assieme ai loro amici e consuoceri Kuroshi, aiutano a far crescere i figli di Azar e Babak.

Morad Azadi: il fratello di Neda ha sposato Mina, una bella ragazza di Taibad (Taybad); con la famiglia della moglie si sono trasferiti a Mashhad, dove hanno aperto un grande negozio di generi alimentari nel popolare quartiere di Samazqand; vivono tutti assieme in una casa a due piani.

Ozra: l'amica di Azar e tata di Najibe, ha sposato **Mahbod Kuroshi** nel campo di Dogharon. Si sono trasferiti a Mashhad e lavorano in un'industria di frutta sciroppata.

Rostam Kuroshi: lo zio di Azar è tornato a Do-Ab con sua moglie e il figlio maggiore **Kambod**.

Najibe Ziri: la figlia dell'allora Ministro della Sanità vive e lavora a Londra.

Simionev: il tenente sovietico che arrestò Najibe e sua madre, ora vive nel suo Paese di origine, il Tagikistan.

Signora Ziri: la madre di Najibe, e i suoi due figli più piccoli, sono stati prelevati da casa all'indomani del 17 aprile 1992, giorno della sconfitta del governo dei *Mujaheddin* e della conquista di Kabul da parte dell'esercito talebano. (Gli studenti di teologia coranica avevano proclamato, il giorno prima, la Repubblica Islamica dell'Afghanistan). Questa volta la madre di Najibe e i suoi due figli minorenni non sono più tornati a casa. Najibe e il suo fratello maggiore Harun si sono salvati, perché si trovavano all'estro per motivi di studio.

Ramin (Rami): il grossista di tappeti ha trasferito la sua attività al figlio **Ebbi** e si è ritirato in pensione. Ebbi è un figlio d'arte e dirige bene la sua impresa.

Hossein: il narratore, il 31 dicembre 2005 ha raggiunto l'età pensionabile e ha cessato l'attività d'importatore di tappeti persiani.

Ora vive nella sua città d'adozione, Morciano di Romagna, sulla bella vallata del fiume Conca. Spesso segue a piedi il corso del fiume che, attraversando scenari mozzafiato nella fertile pianura di San Clemente e San Giovanni in Marignano (Pianventena), finisce nel mare Adriatico (Cattolica, Misano Adriatico e Riccione).

Oltre al piacere e all'impegno di scrivere, vive intensamente tra la sua gente e nel suo territorio; territorio così bello e baciato dalla dea fortuna, ma anche aggredito e minacciato dalle speculazioni immobiliari, che decretano il suo declino. Per questo è impegnato nella tutela dei diritti del cittadino, del suo ambiente di vita e del suo esercizio della libertà.

Giovedì 17 dicembre 2009, alle ore 18:08, la televisione britannica BBC in lingua persiana (www.bbc.uk/persian/tv/), in occasione del trentesimo anniversario del colpo di Stato del 27 dicembre 1979 contro il governo di Amin, ha trasmesso una lunga intervista alla signora Najibe Ziri, per ricordare l'occupazione del Palazzo presidenziale Tajbik.

Venerdì 18 dicembre 2009, alle ore 19:01, la televisione britannica BBC International in lingua inglese, nel corso del programma *Witness*, ha trasmesso un faccia a faccia tra l'ex bambina undicenne Najibe Ziri (ora bella ed elegante signora quarantunenne) e l'ex tenente sovietico Rostam Tusolokov, di nazionalità uzbeca, che allora partecipò all'operazione dell'attacco a Tajbik. Il tenente Tusolokov ha innanzitutto chiesto scusa alla signora Ziri, a tutti gli afgani e alle vittime dirette e indirette di quell'illegale ingerenza militare dell'Unione Sovietica. Successivamente ha risposto alle domande di Najibe sui fatti di quella funesta giornata: ha così svelato che le salme di Amin, dei suoi figli, e delle altre vittime di quell'operazione (tra esse molto probabilmente anche quella del loro autista **Salem,** che attendeva nel parcheggio antistante Tajbik), furono avvolti nei tappeti e sepolti nei campi dietro l'ex palazzo reale.

Glossario

Achemenidi – Dinastia originaria della Persia, che ha regnato dal 559 a.C. fino all'invasione di Alessandro il Macedone (334 a.C.). Tra i Re più noti si ricordano Ciro il Grande, Dario e Serse.

Afghan, afgano - Questo termine viene utilizzato per indicare i tappeti prodotti generalmente in Afghanistan, e in particolare in Turkmenistan e Belucistan.

I tappeti *Afghan* e *Baluci* presentano una struttura simile: ordito e trama sono in lana di pecora mista a lana di capra, consistente e di colore scuro. Gli orli sono rivestiti talvolta con lana di capra; al contrario, la decorazione è più simile ai modelli turcomanni: allineamenti di grandi *gul* ottagonali, simili a quelli Ersari, ogni tanto alternati a motivi naturalistici stilizzati. Il fondo è solitamente rosso cupo, accanto al quale compaiono pochi altri colori: nero, arancio, rosa, beige e avorio.

Gli *Afghan* vengono realizzati sui telai orizzontali, e quindi molto spesso hanno dimensioni piccole: *zarcharak*, *zaronim* e *dozar*.

Alcuni esemplari presentano tonalità dorate, dovute al lavaggio e al trattamento chimico; sono detti *"golden Afghan"*.

La maggior parte della produzione proviene da Agcha, Daulatabad e Herat.

Vengono chiamati *Afghan* anche i tappeti realizzati dai profughi afgani, dopo l'invasione sovietica (1979), nella regione del Khorasan (Iran), in particolar modo nelle province di Torbat-e-Jam e Mashhad.

Alcuni esemplari, con disegni naïf aventi come tema la tragedia e la diaspora afgana, rappresentano la 'storia tessuta' dei popoli afgani; sono stati realizzati, senza l'uso del cartone, all'inizio degli anni Ottanta dalle vedove dei martiri afgani, nei campi profughi situati nella provincia di Torbat-e-Jam.

L'Afghanistan è un paese di cerniera tra la Russia e i popoli dell'Asia centrale (ai suoi confini settentrionali) e il subcontinente indiano (esteso lungo i suoi confini orientali e meridionali). È un luogo di passaggio e di contatto tra altri due grandi paesi asiatici: la Cina, situata al suo confine nord orientale, e l'Iran, esteso lungo tutto il suo confine occidentale. La sua importanza strategica dipende dalla sua posizione geografica; la forza e la ricchezza gli derivano dalla presenza di tanti popoli diversi, che qui vivono da secoli; ma questo si avvera soltanto se sono coesi e amministrati democraticamente, altrimenti regnerà l'instabilità e l'ingovernabilità.

Agha – È l'equivalente dell'italiano Signore.

Aghad nekah - È il contratto del matrimonio musulmano, ovvero il rito religioso, la sua verbalizzazione (*aghd name*), la firma del verbale da parte degli sposi, dei loro genitori e dei testimoni, la registrazione presso un notaio.

Alikom salam - "Salute e pace anche a voi".

Anatolia – È l'attuale Turchia. Dal punto di vista geografico, l'Anatolia può essere suddivisa in tre grandi regioni: occidentale, centrale e di sud-est, orientale. Se si vuole dare un termine generico al tappeto, lo si chiamerà "turco"; se invece si vuole assegnare un termine specifico, si dovrà parlare di "anatolico occidentale", "anatolico centrale", "anatolico orientale".

Annodatura – Viene usato questo vocabolo per indicare il procedimento essenziale nella produzione dei tappeti, con il quale il tessitore forma il vello, annodando il filato di lana o di seta attorno all'ordito. A loro volta i nodi vanno fermati da un filo di trama. È termine equivalente a tessitura.

Aruskeshi - È il corteo dei parenti e degli amici stretti che accompagnano gli sposi, e trasportano il corredo nuziale (*giahiziyye*) da casa della sposa a casa dello sposo.

Baba giun (Baba jun, baba jan) – "Caro babbo".

Balesh (poshti) - Vocabolo usato in Iran per indicare i cuscini aventi la parte superiore in tappeto e quella inferiore in *kilim*, oppure ambedue in *kilim*. Sono forniti di occhielli e di una breve apertura su uno dei lati maggiori, per l'inserimento della piuma d'oca. Sono rinomati i *poshti* (*Posceti*) Baluci e Turcomanni, spesso di fondo rosso a motivi geometrici (*gul* ottagonali).

Baluci (Baluch), (Beluci) - Popolazione seminomade d'origine iranica e indoeuropea, stanziata nelle regioni orientali iraniane del Belucistan (Baluchistan), Sistan, Zahedan e Khorasan; inoltre nelle regioni occidentali dell'Afghanistan e del Pakistan.

I Baluci producono tappeti dai colori scuri, interamente in lana, per lo più di piccolo formato, essendo realizzati su telai orizzontali, spesso sotto le tende o in ambienti ristretti.

La decorazione è molto varia: vi figurano disegni turcomanni, e soprattutto schemi "a preghiera", con la nicchia ornata da alberi della vita stilizzati, spesso rappresentati dall'albero di melograno. Non mancano esempi di motivi decorativi a fiori e a foglie, interpretati in chiave geometrica.

Nelle province di Torbat-e-Heydarieh e Khaf (Khorasan), nelle località di Sangan, Ghasem abad e Kalate, vengono realizzati pregevoli tappetini *Baluci* con disegni geometrico-floreali, raffiguranti galli, pavoni, piccioni, balene, alberi di melograno, salici, pini e, in alcuni esemplari, il leone con il sole e la spada della bandiera iraniana dell'era monarchica.

La qualità di questi tappeti è fine, con nodi piccoli di ottima lana locale sull'ordito di cotone. Le cimose spesso sono in pelo di capra.

Bazari - I commercianti dei bazar sono detti *Bazari*.

Burqa - Un indumento per la copertura completa del corpo della donna. Nessuna religione, o etica di comportamento corretto, prescrive per le donne un simile abbigliamento. Gli afgani appartengono a varie etnie, e le tribù nomadi vissero, e ancora oggi vivono, di pastorizia; nella vita dei nomadi, per l'importante ruolo che assume la donna, e per le esigenze di transumanza, è assolutamente escluso che essa possa portare il burqa.

Questo cosiddetto "abbigliamento" è nato nei centri urbani dove i vecchi mercanti, i *mullah*, i latifondisti, i capi clan, i contrabbandieri e i signori della guerra, hanno in casa più di una moglie. Queste donne sono spesso giovani e belle, e sono costrette dai mariti a indossare il burqa, per nascondersi agli occhi degli uomini celibi che, per povertà, non possono permettersi il matrimonio.

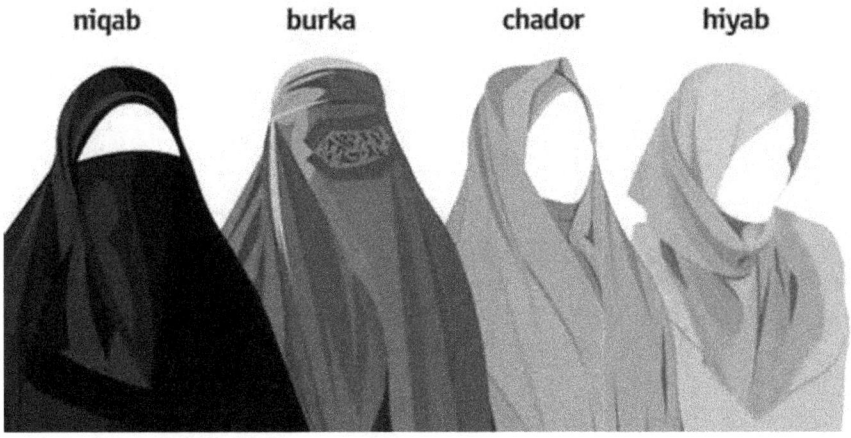

Figura 9 Vari tipi di abbigliamento femminile nei Paesi mussulmani: niqab (Afghanistan, Penisola Arabica), burka (Afghanistan, Penisola Arabica), chador (Iran), hijab (Iran, Turchia).

Cartiglio (katibe - Katibeh) – Motivo decorativo di forma ovoidale o rettangolare, comunque geometrico, destinato spesso a contenere versi di poesie, firme o date scritte in lingua persiana (*farsi*), araba e cufica (kufica); è collocato all'interno della fascia centrale della bordura o nel campo del tappeto. Può presentarsi, con il pendaglio, ai lati opposti del medaglione.

Figura 10 - Katibeh sul tessuto.

Figura 11 - Katibeh (e bordura Katibeh), Tappeto Ardebil (Iran), 1539, Victoria & Albert Museum, Londra.

Cartone – Schema grafico della decorazione del tappeto, realizzato sulla carta millimetrata. Il disegno è composto da tanti quadretti che possono essere colorati o numerati. Ad ognuno dei differenti colori o numeri corrisponde un laccio di lana o seta, che formerà un nodo.

Figura 12 - Cartone, particolare del disegno della bordura di un tappeto Qum. A sinistra campioni dei filati colorati e numerati.

Celò (chelo) kebab - È un piatto costituito da spiedini di carne a pezzetti (*koubidé*), anche marinati (*barg*), accompagnati da grandi quantità di riso basmati cotto al vapore, aromatizzato con zafferano; la pietanza è accompagnata da pomodori grigliati, scalogno crudo e yogurt (*mâst*). I kebab vengono cotti alla griglia e immediatamente portati in tavola assieme al *celò*.

Disegno curvilineo – Chiamato anche disegno floreale, è una decorazione del tappeto entrata in voga in Persia nel periodo Safavide e in Turchia in epoca ottomana. La sua realizzazione necessita di uno schema del disegno eseguito sul cartone a quadretti. I tappeti floreali sono l'espressione di un'arte.

Disegno geometrico – È la caratteristica principale dei tappeti tribali. Questa decorazione è prediletta dalle popolazioni nomadi, e solitamente realizzata senza l'ausilio di uno schema. I tappeti geometrici sono l'espressione di un gusto.

Dokhtar giun (jun, jan) – "Cara figlia".

Duq ab Ali - Yogurt poco salato e allungato con acqua minerale effervescente, proveniente da una sorgente sul pendio del monte Damavand, sito nel nord di Teheran.

Farsi - il persiano è parlato in Iran, Afghanistan, Tajikistan, oltre che dalle minoranze di Uzbekistan, Pakistan, India e Iraq. La lingua persiana viene detta *farsi* in Iran e *dari* in Afghanistan. Il padre spirituale del *farsi* è considerato Ferdowsi, autore tra l'altro del *Shahnameh*, opera epico-letteraria scritta tra il 977 e il 1007 in poesia ritmica.

Faruj - La città di Faruj si trova ad una distanza di 29 km a nord ovest di Quchan e la sua popolazione è prevalentemente di origine curda. Faruj è una Provincia nella Regione del Khorassan del nord, in Iran. Il capoluogo della Provincia è la città di Faruj. E' stato separato dalla Provincia di Shirvan nel 2004. Nel censimento del 2006, la popolazione della Provincia era di 48743 abitanti, in 12.947 famiglie. La Provincia ha due distretti: distretto centrale e distretto di Khabushan.

Ghajaridi, Qajaridi, Ghajariyyeh: La dinastia Ghajar è di una tribù turca omonima. Iniziò il loro regno con Agha Mohammad Khan Ghajar nel 1976. E fu soppressa dalla dinastia dei Pahlavi (Reza Shah) nel 1925.

Giahiziyye - È l'arredamento della casa (inclusi elettrodomestici, tendaggi e posaterie) che la sposa, come corredo nuziale, porta con sé a casa dello sposo.

Giavabgui (javabgui) - Questa cerimonia segue il *khastgari* e ha luogo nell'abitazione della futura sposa, alla quale l'uomo regala l'anello di fidanzamento.

Golabdani - È una brocca alta e stretta, con un manico e un beccuccio altrettanto stretto e alto, solitamente d'argento, ma anche d'ottone o di vetro; questo recipiente è usato durante la cerimonia funebre, o nella sua ricorrenza, per distribuire agli intervenuti qualche goccia d'acqua di rosa come rinfrescante e profumo.

Gul (gol) – È il motivo policromo di forma poligonale (per lo più ottagonale, esagonale, o talvolta anche romboidale, decorato da figure minori), tipico dei tappeti tribali dell'Asia centrale, in particolare turkmeni e Bukhara dell'Uzbekistan. Questo termine in persiano significa "fiore", e spesso nei tappeti floreali persiani è rappresentato da una rosetta.

Hajaqa - Significa 'Signor Haji', colui che ha compiuto il pellegrinaggio alla Mecca. Questo titolo si usa in maniera molto diffusa in segno di rispetto per l'interlocutore maschile. Per l'interlocutore femminile si usa *Haj-khanom*.

Haj-bibi – 'Signora Haji'.

Haraty (Herati) - Denominazione convenzionale e commerciale per indicare un tipo di tappeto di manifattura Belucistan, annodato in territorio pachistano e afgano, con riferimento ai *Baluci* di Herat.

Hazarah (Hezareh) – Popolazione afgana, per lo più seminomade, di lingua persiana e di origine turco-altaica, facente parte della confederazione Chahar Aimak, insediata intorno a Kala-i-Naw e nell'Hazarajat, impervia regione montuosa. Sono noti i loro *kilim*, con motivi disposti in righe orizzontali, e i loro *Ghaliche*, tappetini somiglianti ai *Baluci*. Una parte consistente di questa tribù vive nelle province di Torbat–e-Heydarieh, Torbat–e–Jam e Khaf (Khorasan), e produce pregevoli tappetini *dozar Baluci* con ordito in lana e cotone.

Hejle arus (Hajleh aroos) - La camera della sposa per il primo incontro intimo con il suo sposo.

Herat – Antichissima città e capoluogo della provincia omonima dell'Afghanistan nord-occidentale, di lingua persiana, un tempo capitale della regione persiana del Khorasan. Caratteristica dei tappeti Herat è la decorazione "a vaso", o floreale, con nuvole, steli e foglie falciformi. Herat è la sede della famosa scuola del libro dell'era dei Timuridi, nonché capitale dei discendenti di Tamerlano fino alla loro caduta.

Herati - Motivo floreale stilizzato, formato da due foglie attorno a una rosetta. Disegnato dagli artisti della scuola del libro di Herat, ha avuto ed ha una diffusa applicazione nell'ornamento delle mattonelle di ceramica e nei tappeti. Deriva da una progressiva geometrizzazione della classica decorazione dei tappeti di Herat, cui deve il nome.

Figura 13 - Motivo herati di un tappeto Ferahan "vecchio", Iran, cm 298 X cm 165.

Herati di bordura - Motivo della fascia centrale della bordura, formato da rosette attorniate da due foglie e palmette alternate, congiunte da altri fiori. Viene chiamato anche *samavari*, per la forma di teiera a carbone, o "bordo a tartarughe".

Figura 14 - Motivo herati di bordura, Birjand, Iran, vecchio, firmato "Società Fratelli Amini", tinte naturali cm 300 X cm 200.

Hijab, hejab, hedjab, hegiab - Il velo islamico, facoltativo per le donne ai tempi dello Scià, è diventato obbligatorio nella Repubblica Islamica dell'Iran; al posto del *chador* lungo e nero che indossavano nel passato, ora è sufficiente un copricapo (Maqnae, *maqna'e, meghna-ah*), accompagnato da abiti larghi e non trasparenti.

Figura 15 - Hijab in Iran, da sinistra le prime due ragazze indossano maqnae, la terza ha rusari (foulard), la quarta e la quinta hanno il chador.

Hojre - Ufficio e magazzino dei grossisti del Bazar.

Ia Allah – Entrando in una abitazione, gli adulti di sesso maschile, non appartenenti alla famiglia, recitano ad alta voce ripetutamente *"ia Allah"*, 'O Dio'. Questo rituale fa capire, alle donne di casa e ai bambini, che stanno per entrare in casa uomini estranei, ma credenti in Dio e nei suoi comandamenti.

Imam occulto (Imam Zaman) - È l'Imam che vive in anonimato. Gli Sciiti duodecimani credono che alla fine del mondo l'Imam dodicesimo - considerato mai realmente morto - tornerà per instaurare, nella veste di Mehdi (*Mahdi*), un regno di giustizia che ripari ai torti subiti dalla comunità sciita. Probabilmente questa cultura d'attesa per l'arrivo di un salvatore ha rallentato i movimenti di emancipazione politica e sociale dei popoli sciiti.

Imam, emam – In lingua farsi si parla di *emam*; la grafia corrente "imam" corrisponde alla pronuncia inglese. Gli sciiti basano la religione su cinque principi fondamentali (i primi tre sono i medesimi dei sunniti): il primo è il monoteismo (*tohid*), cioè credere nel Dio unico e onnipresente; il secondo è la profezia (*nabuvat*), la rivelazione del messaggio di Dio a un profeta, per illuminare il suo popolo e tutto il genere umano; il terzo e ultimo è la resurrezione (*moad*), il ritorno alla vita dopo la morte, per presentarsi davanti a Dio nel giorno del giudizio; il quarto è la giustizia divina (*adl*), cioè la giustizia e l'equità di Dio; il quinto e ultimo è la guida, ovvero la successione al profeta (*imamat*).

La teologia sciita, in sede filosofica e teorica, ammette la continuazione della intermediazione tra Dio e l'uomo attraverso la figura dell'*imam* (capo della comunità); intermediazione che è negata dai sunniti.

Gli *imam* sono paragonabili ai discepoli di Gesù Cristo: per gli sciiti dodicemani sono dodici uomini santi, successori del profeta Maometto (Mohammad), a cominciare dall'*imam* Ali, il cugino e genero del profeta, e i suoi undici discendenti diretti, fino all'*imam* Mahdi. Successivamente furono chiamati *imam* anche gli uomini del clero di alto rango, per esempio l'*imam giomeh* (*jomeh*), la guida della preghiera del venerdì, che è l'equivalente di un vescovo cattolico.

Kadkhoda – Capo del villaggio, attualmente in Iran è una carica elettiva corrispondente al sindaco e fa parte del Consiglio del villaggio formato da cinque consiglieri. Nel passato, prima della riforma agraria del 1963 rappresentava i latifondisti e, di fatto, era nominato da loro. Oltre all'Arbab, il padrone, Kadkhoda, Mirab, il responsabile della divisione dell'acqua per l'irrigazione dei campi e Mullah, il prete erano le autorità del villaggio.

Kelim (kilim) – I *kelim* sono dei tessuti piani, composti solamente dagli intrecci di trama e ordito, quindi privi di nodo e di vello. Il disegno è ottenuto alternando i colori delle trame strutturali o inserendo trame supplementari. Vengono prodotti quasi esclusivamente dalle popolazioni nomadi per vari usi (come divisori delle tende, tendine, coperte, tappeti e altro); prendono il nome del luogo di produzione o, nel caso delle popolazioni nomadi, dal nome della tribù.

Khanom – Appellativo di cortesia e rispetto, usato per le donne. È equivalente al vocabolo "signora".

Khastegari (Khastegaree)- È la visita dello sposo e dei suoi familiari a casa della sposa, per avanzare ufficialmente la richiesta di matrimonio.

Khoms – Un quinto dei redditi di commercio, di miniera, di scavi e di ritrovamenti dei tesori, delle proprietà lecite mischiate a quelle illecite, della pesca di perle nei mari, dei proventi dei saccheggi delle guerre, degli incassi delle vendite dei terreni a un non credente, in totale sette attività diverse vanno tassate e versate al clero.

Ogni mussulmano benestante che possiede i fondi necessari per le spese di un anno solare della sua famiglia, sulla parte eccedente del suo reddito, deve versare per potersi definire un vero credente, il 20%, un quinto detto in arabo "Khoms" al clero mussulmano. Per gli sciti la meta dei proventi del Khoms sono destinati ai discendenti bisognosi del profeta Maometto (sayyed, sayid) e gli altri 50% ai mussulmani poveri.

Parte delle spese del clero mussulmano (sciita), delle scuole teologiche e dei loro studenti (talabeh) oltre che dalle donazioni, sono pagate dai fondi provenienti dallo Zakāt e dal Khoms.

Khorasan (Khorassan, Khurasan) – Regione dell'Iran nord-orientale con capoluogo Mashhad (la seconda area metropolitana iraniana), che ospita popolazioni di varie etnie dedite alla tessitura dei tappeti. In questa grande ed estesa regione si producono pregevoli tappeti tribali, Baluci, Kurdi e turcomanni, nonché magnifici esemplari realizzati in città quali Mashhad, Birgiand, Kashmar e Tabas. I tappeti di questa regione sono di gran pregio sia per la solida e antica tradizione locale, sia per l'ottima qualità della lana. Recentemente questa grande regione è stata divisa in tre regioni di dimensioni più piccole, per motivi climatologici, etnici ed amministrativi: Khorasan del nord con capoluogo Bojnord, Khorasan Razavi con capoluogo Mashhad, e Khorasan del sud con capoluogo Birgiand.

Khosh amadid - "Benvenuti".

Kuh Sanghi - Significa Montagna di roccia. È situata a Mashhad. Il suo grande parco è una delle attrazioni turistiche di questa metropoli.

Lotfan befarmaid – "Per favore, accomodatevi".

Mahdi (Mehdi) - In Persia credere in un futuro salvatore, *al-Mahdi*, è un'eredità dell'era zoroastriana. Lo zoroastrismo, una delle prime fedi monoteiste del mondo, dal 550 a.C. al 651 d.C. è stata la religione di Stato di tre grandi imperi persiani. Il concetto dualistico del bene e del male della religione di Zaratustra, rappresentato dall'eterna lotta fra Dio e il diavolo, influenzò il giudaismo, il cristianesimo e l'Islam. E in particolare ispirò lo sciismo, che è l'Islam persianizzato dopo l'invasione araba; al contrario di altre civiltà antiche, come gli egiziani e gli iracheni, i persiani, grazie allo sciismo, riuscirono a mantenere la loro lingua e la loro identità nazionale. Nell'875 fondarono l'impero Samanide, che durò fino al 999. Questo periodo è considerato l'era del Rinascimento culturale, politico ed artistico persiano.

Mahriyyah (la dote) - È un accordo prematrimoniale per la concessione degli alimenti; in realtà è una garanzia contrattuale, in denaro o in beni immobiliari, fatta dal marito alla moglie. La moglie può chiedere l'incasso della somma prestabilita o il possesso dell'immobile, ad esempio una casa, durante il matrimonio o in caso di divorzio. I mariti che non sono in grado di pagare il pegno, o di consegnare l'immobile oggetto del contratto del matrimonio, possono essere puniti con la prigione o con il divieto di viaggiare. L'impegno a pagare centinaia e talvolta migliaia di monete d'oro alla moglie, trattiene molti uomini dal ricorrere al divorzio. L'usanza di chiedere il *mahriyyah* costoso allo sposo è una delle ragioni del diffuso celibato tra i giovani afgani e iraniani.

Majless, Madjless, Mageles – È il parlamento iraniano.

Maktab - È la scuola coranica materna, dove sono ammessi i bambini di 5–7 anni, di ambedue i sessi; vi si insegna a leggere il corano in arabo.

Mano di Fatima - La mano di Fatima è un riferimento religioso islamico. Fatima è la figlia del profeta, e nel numero delle dita ricorda i cinque fondamenti della religione musulmana. Secondo la religione sciita rappresenta cinque personaggi: Maometto, Ali, Fatima, Hassan e Hossein.

Maqnae – (maqna'e, meghna-ah) Copricapo (velo) per le donne mussulmane diffuse nell'Iran e nell'Afghanistan. Si tratta di un sacco con due fori, uno per il viso e l'altro per il collo. Maqnae copre la testa (capelli) e il collo, ma il viso rimane scoperto.

Figura 16 - Ragazze iraniane con maqnae.

Mashhad (Mashad, Meshed) – Seconda città più popolosa dell'Iran, capoluogo della regione del Khorasan; è sede di manifatture di tappeti dalla fine dell'Ottocento. Di qualità pregiata, i prodotti sono pesanti e morbidi, di annodatura fine, con tinte di colore azzurro o avorio, e decorazioni a motivi floreali. A Mashhad si trova il Mausoleo dell'*imam* Reza, l'ottavo *imam* degli sciiti duodecimani (di 12 *imam*), ed unico ad essere sepolto in questo Paese.

Medaglione – Grande decorazione a forma di rosone nel centro del campo (con due pendenti e/o cartigli); negli angoli del tappeto spesso si trovano decorazioni cantonali rappresentate da un quarto dello stesso medaglione.

Mobarake – "Auguri".

Mossadegh, Mossadeq, Mosaddegh – *Mohammad Mossadeq* (16 giugno 1882 Teheran – 5 marzo 1967 Ahmadabad Karaj) è primo ministro iraniano, democraticamente eletto, dal 28 aprile 1951; nello stesso anno ha portato a termine la nazionalizzazione delle industrie petrolifere iraniane, fino ad allora controllate dalla Società inglese *Anglo-Iranian Oil Company*. Il classico esempio storico dell'ingerenza delle superpotenze negli affari interni degli Stati indipendenti è rappresentato dall'intervento effettuato contro il governo di Mossadeq in Iran. Il 13 agosto 1953 lo Scià di Persia, *Mohammad Reza Pahlavi*, firmò illegalmente il decreto che destituiva il Premier Mossadeq, sotto la pressione dei governi britannico e americano, nominando Zahedi (Zahedee) – un generale noto come filonazista – a primo ministro. Il giorno successivo lo Scià, accompagnato dalla moglie *Soraya*, a bordo di un piccolo aereo pilotato da lui stesso, fuggì prima alla volta di Baghdad e poi a Roma, dove lo raggiunse il capo della Cia, *Allen Welsh Dulles*, per coordinare le future azioni. Il 19 agosto 1953 la CIA americana, rappresentata a Teheran dal generale *Norman Schwarzkopf* (dal 1942 al 1948 organizzatore della gendarmeria e della "guardia eterna" (*Gard Javidan*), cioè la guardia del corpo dello scià) e i servizi segreti inglesi (*MI5*), organizzarono in Iran un Colpo di Stato Militare, chiamato operazione *TP-AIAX*. Mossadeq fu arrestato, la sua casa fu prima saccheggiata e poi rasa al suolo. Nei giorni che seguirono i militari uccisero migliaia di manifestanti e riempirono le carceri di oppositori. Lo Scià, accompagnato da *So-*

raya, tornò a Teheran sul trono del pavone. Il suo nuovo Primo Ministro, generale *Fazlollah Zahedi*, riconsegnò il petrolio iraniano, pur restando nazionalizzato, alle sette compagnie petrolifere anglo-americane, chiamate Sette Sorelle, che, indisturbate, sfruttarono i giacimenti petroliferi iraniani fino agli scioperi generali dell'autunno 1978, terminati nella rivoluzione islamica dell'11 febbraio 1979. Mossadeq fu processato e imprigionato per tre anni, per poi passare il resto della sua vita agli arresti domiciliari nella sua fattoria di *Ahmad-abad*, nella periferia di *Karaj* a poche decine di chilometri da Teheran. Suo padre *Mirza Hedaitollah Bakhtiari* era Provveditore Generale delle tasse nella Regione di Khorasan. Sua madre, principessa *Maleke Taj Khanom*, era nipote del principe ereditario riformista *Abbas Mirza* e pronipote di *Fath Ali Scià Qajaride* (Regno: 17 giugno 1797 – 23 ottobre 1834). Mossadeq si era laureato in Scienze Politiche alla *École des Sciences Politiques* di Parigi e aveva preso il dottorato in Giurisprudenza nel luglio 1914 all'università di Neuchâtel in Svizzera. Durante i ventisette mesi e ventuno giorni del suo governo, gli iraniani per la prima volta hanno potuto esercitare i diritti costituzionali sanciti nella Costituzione del 1906. Fu il primo capo del governo iraniano a rinunciare allo stipendio e a dichiararsi al servizio completo dei cittadini. Se l'Iran, nel lontano 1953, avesse proseguito il suo percorso verso l'indipendenza, la democrazia, il progresso e la giustizia sociale, quanto poteva essere diversa la storia di questo Paese e di tutto il Medio oriente? Quante vite umane si sarebbero salvate dalle fucilazioni, dalle torture e dalle carceri?

Mullah, akhund – È il conoscitore del Corano, delle regole religiose, e fa parte del clero sciita. È l'equivalente del sacerdote.

Nabat – È un filo di cristalli di zucchero.

Nodo – Il nodo è l'elemento fondamentale della struttura del tappeto. Viene eseguito con filati colorati di lana, seta, cotone, intorno a due o più orditi. I due o più capi tagliati del nodo formano il vello del tappeto. Dalla densità dei nodi dipende la nitidezza del disegno e la bellezza del tappeto, e quindi è uno dei principali elementi che stabilisce il valore commerciale del manufatto.

Nodo asimmetrico - Conosciuto anche come nodo persiano, *senneh* o *farsibaft*, è diffuso in particolar modo nelle aree di lingua e cultura persiana. Si avvolge il filato prescelto intorno a due o quattro orditi adiacenti, e si fanno uscire i capi del nodo da interspazi diversi. Questo nodo è adatto per la realizzazione degli esemplari a motivi curvilinei e fini.

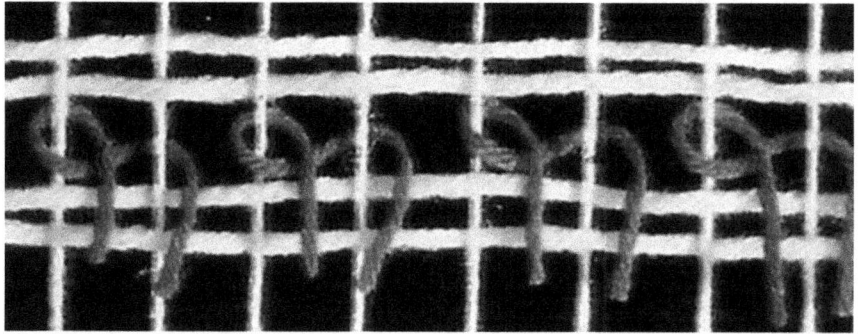

Figura 17 - Nodo asimmetrico o persiano (senneh, farsibaft).

Nodo simmetrico - Conosciuto anche come nodo turco, *ghiordes* o *turkbaft*, è diffuso maggiormente nelle aree di cultura e lingua turca. Si avvolge il filato intorno a due o quattro orditi adiacenti, e si fanno uscire i capi del nodo dall'interspazio compreso fra essi. Questo nodo, robusto e consistente, è spesso utilizzato nella lavorazione di bordura di alcuni tappeti tessuti in area di lingua persiana.

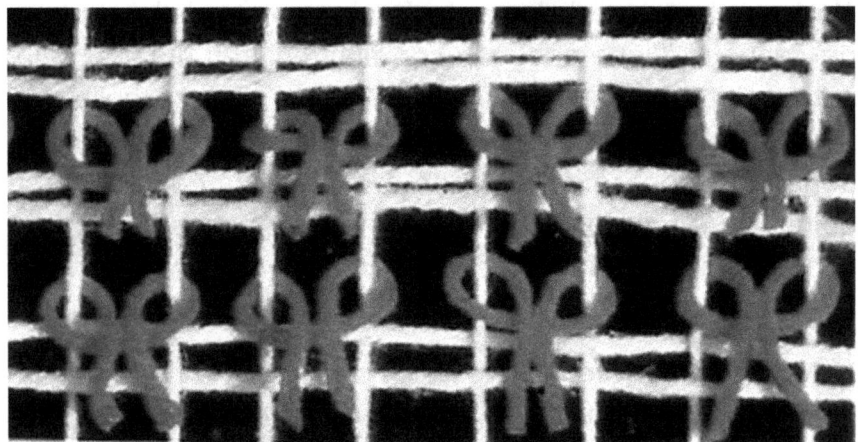

Figura 18 - Nodo simmetrico o turco (ghiordes o turkbaft).

Nodo spagnolo – Il nodo eseguito su un solo ordito, convenzionalmente e impropriamente viene chiamato "nodo spagnolo".

Figura 19 - Nodo spagnolo.

Now-Ruz (Nowruz, Novruz, Noruz) – Antico capodanno iraniano; letteralmente significa "il nuovo giorno", e coincide con il primo giorno della primavera. È molto diffuso tra tutti i popoli iranici dell'Asia.

Olio giallo - Burro di latte di pecora filtrato e leggermente salato; viene così chiamato per il suo colore.

Ordito - Struttura portante del tappeto, costituita dall'insieme di fili (catena) tesi longitudinalmente tra i due subbi del telaio; disposti parallelamente, permettono l'inserimento della trama per la formazione del tessuto. Può essere in lana, seta o cotone. I due capi formano le frange.

Pasdaran – Plurale di *Pasdar*, sono i guardiani della rivoluzione della Repubblica Islamica dell'Iran. Si tratta delle forze armate parallele a quelle istituzionali.

Pashtun – Una delle principali popolazioni nomadi afgane, insediata in prevalenza nell'area orientale e meridionale dell'Afghanistan, e in misura minore nel Pakistan nord occidentale; si suddivide poi in due ceppi principali: i Ghilzai e i Durrani.

Paykan giavanan - Vettura sportiva, in genere di colore rosso, costruita in Iran.

Pettine – Strumento, in metallo o in legno, indispensabile per eseguire la battitura dei nodi ultimati. Il corretto uso del pettine da parte del tessitore è uno dei principali fattori che determina la finezza del tappeto.

Polò - È il riso basmati cotto al vapore e mescolato con varie verdure e legumi. Alcuni abbinamenti della tradizione sono: riso con fave e foglie di finocchio; riso con fagioli, prezzemolo e foglie di finocchio: riso e lenticchie: riso semplice al burro.

Poshti - Termine derivato dal persiano *posht* (dietro): significa "schienale". Indica un tappeto di piccolo formato (di solito 90 X 75), imbottito, impiegato come poggiaschiena.

Viene inoltre utilizzato come scendiletto o per effettuare le preghiere.

Preghiera, tappeto da – Tappetino riservato dai musulmani ai momenti di preghiera. Il campo è spesso decorato da una nicchia ad arco, a imitazione del *mihrab* delle moschee. I motivi ricorrenti del fondo sono lampade e vasi di fiori.

Qanat (in arabo) o *kariz* (in persiano), è un canale sotterraneo in lieve pendenza (a volte lungo molti chilometri) che capta una o più falde acquifere, e permette all'acqua di percorrere lunghe distanze per effetto della gravità, e soprattutto senza vistose perdite, dovute, nei paesi caldi, alla forte evaporazione. L'acqua finalmente sgorga in superficie nella zona da irrigare, che altrimenti sarebbe arida e disabitata. Lungo il percorso del *qanat*, dalla superficie del terreno vengono aperti pozzi, dai quali è possibile effettuare la manutenzione del canale.

Qibla, gheble – È un termine arabo con la quale si indica la direzione della città della Mecca e del principale santuario islamico della Kaaba. Il devoto musulmano, durante le preghiere quotidiane, si deve rivolgere in direzione del *qibla*.

Resale - È la tesi contenente le norme pratiche religiose degli sciiti. Ogni *Ayatollah* ne scrive uno e ogni tanto lo aggiorna. Le famiglie letterate possiedono di solito, oltre al corano, anche un *resale* dell'*Ayatollah* vivente di loro fiducia.

Robbi (rob-i) – Disegno preciso, a misura reale, realizzato sul cartone a quadretti (detto "cartone") e rappresentativo di un quarto di tappeto. Si può ricorrere alla pratica del *robbi* solo quando il disegno del tappeto è a medaglione centrale, o il suo campo è decorato a motivi piccoli e ripetuti.

Sabze Kashmar - È una varietà di uva secca verde, affusolata, senza semi, essiccata all'ombra. Viene prodotta nella provincia di Kashmar (Iran).

Safavidi – Famiglia reale iraniana di religione musulmano-sciita, originaria della città di Ardebil. Regnò in Persia dal 1501 al 1736 (dopo secoli di dominazione turca, turcomanna e mongola), assicurandone la stabilità politica e la prosperità economica, e promuovendo la fioritura delle arti. Lo scià Ismail I, il fondatore dei Safavidi, scelse lo sciismo come religione di Stato. I tappeti Safavidi, generalmente a "medaglione", "a giardino" o "a scene di caccia", sono caratterizzati dall'introduzione del disegno curvilineo, a carattere floreale per eccellenza, e rappresentano a tutt'oggi l'apice dell'arte del tappeto.

Salam alikom - In lingua farsi "salute e pace a Lei".

Samovar - Un *samovar* (in persiano *samavar*) è un contenitore metallico, tradizionalmente usato in Russia, nei paesi slavi, in Iran, nel Kashmir e in Turchia per scaldare l'acqua. Poiché l'acqua calda è normalmente usata per la preparazione del tè, molti *samovar* presentano nella parte alta un alloggiamento atto a sostenere e scaldare una teiera di tè concentrato. I *samovar* tradizionali sono alimentati a carbone o a carbonella, mentre quelli moderni utilizzano l'elettricità e funzionano come un normale bollitore d'acqua calda.

Sandevich forushi - Negozio di panini e bevande.

Sasanide (Sassanide) – Dinastia iranica che regnò in Persia dal 226 al 642 ca. (battaglia di Nehavand), per estinguersi totalmente nel 656, anno della completa occupazione dell'altipiano iranico da parte degli arabi.

Sciiti (sciita) – Termine arabo derivato dalla parola *sciia*, partito, setta. Gli sciiti seguono la *sharia*, ovvero la dottrina. Sono i musulmani che, dopo la morte del profeta Maometto (Mohammad) nel 633 d.C., riconoscono quale primo capo spirituale e *imam* Alì, suo cugino, genero e primo seguace, ancora adolescente. Al contrario i sunniti ritengono Alì il quarto Califfo (656-661). Per gli sciiti duodecimani, o imamiti, che formano la grande maggioranza della popolazione dell'Iran, dell'Iraq, e di alcuni degli Emirati Arabi del Golfo Persico e del Libano, gli undici discendenti in linea diretta maschile di Alì fino all'*imam* al-Mahdi (il dodicesimo, l'*imam* nascosto, scomparso nell'878-879 o 888-889), sono le loro guide spirituali e i punti di riferimento religioso. I musulmani sciiti attendono l'arrivo dell'*imam* nascosto, l'*imam* al-Mahdi, da loro considerato un Messia. Esistono inoltre altre due correnti dello sciismo: quella degli zaiditi, che fanno riferimento a Zaid ibn Alì (morto 740), figlio del quarto *imam* sciita Alì Zain al-Abidin (morto 711-712 o 710-711), e quella degli ismailiti, seguaci di Ismail, figlio del sesto *imam* sciita Giafar as-Sadeiq (morto 765); questi ultimi sono numerosi in alcuni Paesi africani e medio orientali. La loro attuale guida spirituale è il principe Karim Agha (Aqa) Khan Mohallati.

Sciti – Popolazione di origina asiatica, antichi abitanti delle steppe della Scitia, situata nella Russia europea meridionale.

Sejadeh, sedjadeh, Seccade - Vocabolo turco che indica il tappeto da preghiera di circa 180 X 120 cm.

Seleucide – Nome di una dinastia che si formò alla morte di Alessandro il Macedone, e che regnò nella Siria e nei territori limitrofi dal 312 al 64 a.C. Regnò anche nella Persia fino al 250 a.C., anno in cui Arsace diede inizio alla dinastia dei Parti.

Selgiuchidi (Selgiuqidi) – Dinastia di origine turca, proveniente dall'Asia centrale, che regnò in Persia dal 1038 al 1194, e in Anatolia orientale dal 1077 al 1307.

Shah Abbas – Importante sovrano safavide (1587-1629), da cui ha preso nome un complesso disegno, detto *Shah Abbasi*, che vede palmette e rosette congiunte da steli a volute. Durante il regno di Shah Abbas il Grande l'Iran ha conosciuto un'era di grande sviluppo economico e artistico.

Shah-nameh, Scià-nameh, Shahnameh – È il *libro dei Re* o il *Codice Regio*, l'opera epico-letteraria interamente scritta, tra il 977 e il 1007, in poesia ritmica da **Ferdowsi (Firdowsi, Firdusi 935–1020)**, padre spirituale della lingua Farsi Dari.

Sofreh-ye aghd - È una tovaglia che viene distesa e apparecchiata con alcuni cibi e ornamenti, per far accomodare gli sposi in occasione della cerimonia nuziale. La tradizione che la lega al matrimonio ha origine nell'era zoroastriana. Si concilia con l'Islam perché il materasso viene posizionato in direzione della Mecca, e il Corano sostituisce l'Avestā, (il *Fondamentale* o il *Comandamento*) di Zaratustra.

Sunnismo (e le sue quattro più diffuse ramificazioni) - Ricordiamo gli Sciafeiti, con la loro famosa Università *Al–Azhar* del Cairo, diffusi in Nord Africa, Egitto e Siria; gli Hanafiti, diffusi soprattutto nell'Iraq; i Malechiti, diffusi in tutto il Nord Africa, con le maggiori scuole teologiche in Tunisia a Tunisi ("*Jameato Zaitone*") e in Marocco a Fèz ("*Jameato al–Qarobin*"); i Hanbaliti, seguaci del hanbalismo, che è stato fondato da Ahmad ibn Hanbal (Baghdad, 780-855), il quale si opponeva in modo radicale a qualunque forma di intromissione della ragione umana - ritenendola arbitrariamente soggettiva - nell'interpretazione delle due fonti primarie dell'Islam, Corano e Sunna. Il hanbalismo è caratterizzato da un coerente rifiuto dell'intellettualismo teologico. Tra i più recenti hanbaliti va annoverato Muhammad ibn Abd al-Wahhab (XVIII secolo), fondatore del Wahhabismo, che ispirò il movimento che s'impadronì delle regioni peninsulari arabe e che contribuì non poco alla formazione della moderna Arabia Saudita. Un'altra derivazione del hanbalismo è il salafismo (Salafiti), che a sua volta è diffuso in Egitto e in altri Paesi nord africani.

Sunniti (Sunita) - Sunnita deriva dal termine *sunna*, che in arabo significa "la tradizione". La sunna e il Corano costituiscono le fonti della teologia islamica. Sunnita significa quindi tradizionalista, cioè il musulmano che, oltre al Corano, segue la tradizione e gli insegnamenti orali del profeta Maometto (*Muhammad*) e dei primi quattro califfi che lo seguirono nella guida dei musulmani. I principi fondamentali del sunnismo, come in altre religioni monoteistiche derivanti da Abramo, sono tre. Il primo è il monoteismo (*tohid*), cioè credere nel Dio unico ed onnipresente. Il secondo è la profezia (*nabuvat*), la rivelazione del messaggio di Dio a un profeta per illuminare il suo popolo e tutto il genere umano. Il terzo e ultimo è la resurrezione (*moad*), il ritorno alla vita dopo la morte, per presentarsi davanti a Dio nel giorno del giudizio. I sunniti ammettono un rapporto diretto tra Dio e l'uomo, senza alcun intermediario, quindi non riconoscono nessun capo religioso. I conoscitori del Corano e della tradizione vengono chiamati *olama* (singolare *alem*). I sunniti sono la maggioranza tra i musulmani e dal punto di vista religioso sono divisi in diverse ramificazioni.

Sure – Sono i capitoli del corano (composto fra il 610 circa e il 631) e sono costituiti da alcuni versetti, di lunghezza ineguale. Ogni *sure* ha un titolo che richiama qualche particolarità del suo contenuto. Il corano è composto di 114 *sure*. Uno o più *sure* formano un volume; il libro sacro dei musulmani ne ha complessivamente trenta.

Svastica – Ornamento iconografico solare, originario dell'Estremo Oriente. Termine che in sanscrito significa "felicità - fortuna", e quindi auspica buona ventura. È costituita da una croce a quattro bracci uguali, ripiegati nei quattro punti a novanta gradi, a sinistra o a destra.

Tagiki (Tagichi) - Popolazione eterogenea di lingua e tradizione persiana, abitante nella Repubblica centro-asiatica del Tagikistan.

Taibad (Taybad) - Questa Provincia è situata sul confine con l'Afghanistan e si trova nella Regione di Khorasan Razavi (Mashhad). Il capoluogo della Provincia è Taibad (Taybad). Al censimento del 2006, la popolazione della Provincia era di 103.129 abitanti e 22.267 famiglie. La Provincia ha due distretti, Distretto Centrale e Distretto di Miyan Velayat e tre città: Taibad (Taybad), Kariz e Mashhad Rizeh.
La provincia di Taybad è una delle 25 province della Regione di Khorasan Razavi. Gli uffici doganali tra l'Iran e l'Afghanistan si trovano in questa Provincia nella località di Dogharoon (Dogharoun) che dista 36 chilometri da Taibad (Taybad). Nel 1980, a Dogharoon (Dogharoun) è stata costruita" Mehman Shahr " o "Città degli Ospiti" per la sistemazione dei profughi afgani fuggiti in Iran dopo l'invasione russa.

Tak-baft (takbaft) – Nodo eseguito con un filo su due fili dell'ordito, per ottenere il massimo di nitidezza del disegno e finezza della lavorazione.

Teheran (Tehran) - Capitale della Repubblica islamica dell'Iran, anticamente circoscritta alla città di Ray, che attualmente è il capoluogo di una provincia a sud della metropoli. Dal 1796, con i cagiaridi (qajaridi, ghajaridi, 1786-1925), oltre a divenire la capitale, è sede di importanti manifatture che producono raffinati tappeti ispirati ai classici disegni persiani. Prevalgono quelli floreali "a medaglione centrale", "a preghiera" con disegno ad alberi e ad albero della vita. Teheran è il maggiore centro di raccolta, commercializzazione, restauro, riparazione e lavaggio dei tappeti persiani. Nel vecchio Bazar di questa metropoli (14.795.116 di abitanti, stima del 2010 dell'intera area metropolitana), decine di migliaia di persone sono impegnate nel settore dei tappeti annodati a mano. In questa città si trovano anche il grande museo del tappeto iraniano, "Museh Farsh Iran", e la sede centrale della Società statale "Compagnia del Tappeto dell'Iran", Sherkat Farsh Iran.

Telaio – Strumento meccanico ad uso manuale impiegato nel lavoro artigianale, per produrre tessuti intrecciati e annodati. Vi sono due tipi di telai usati per la produzione di tappeti.

Telaio orizzontale - A subbi mobili, picchettati sul terreno, con i licci fissati a paletti in verticale; è usato dalle popolazioni nomadi per la facilità di montaggio e spostamento.

Figura 20 - Telaio orizzontale, Dolatabad, Afghanistan, una ragazza turcomanna annoda un tappeto Mauri con il motivo "gul (gol) Tekke".

Telaio verticale - Composto da montanti e traverse che costituiscono l'armatura: è fornito di subbi fissi e barre dei licci per il suo funzionamento; questi ultimi, agendo sui fili dell'ordito, producono un'apertura, attraverso la quale viene fatta passare la navetta, munita di rocchetto, il cui filo compone la trama. Il telaio verticale viene adoperato dalle popolazioni residenti in città, paesi e villaggi.

Figura 21 - Telaio verticale, Kashmar, Iran, laboratorio "Farsh Reza", Hossein Fayaz. mentre sta lavorando ad un prototipo, maggio 1988.

Tessuto – Prodotto del comparto manifatturiero e della tessitura; può essere realizzato a mano o con sistemi meccanici.

Tessuto piano – Si ottiene dal semplice intreccio di trama e ordito. Talvolta viene ornato da raffinati ricami. Sono definiti tessuti piani i *kilim*, *giagim*, *sofreh*, *soumakh*, ed altri manufatti iraniani ed orientali.

Torbat-e-Heidarieh (Torbat-e-Heydarieh) – Importante città del Khorasan Razavi, capoluogo dell'omonima provincia, sede di un ricco mercato che raccoglie la produzione dei nomadi Salar Khani e Rahim Khani, di gruppo Baluci. Confluiscono in questa città anche i raffinati *qalice* (*ghaliche*), *zarociarak* e *dozar*, annodati prevalentemente dalle donne sui telai orizzontali, provenienti dalle località rinomate dell'area dei Baluci: Sangan, Ghasemabad e Kalate, situate nella provincia di Khaf al confine con l'Afghanistan. La provincia di Torbat-e-Heidarieh, grazie alla sua posizione geografica, situata in una zona montagnosa, ricca di vari torrenti d'acqua, ha un eccellente clima continentale e una produzione abbondante di prodotti agricoli, tra i quali anche un ottimo zafferano. Il distretto di Mahvalat, situato nella grande pianura meridionale di questa provincia, oltre a produrre dei robusti tappeti a disegni floreali e medaglione centrale, e di grandi dimensioni, come quelli del vicino Kashmar, è uno dei maggiori centri di produzione dei gustosi pistacchi iraniani.

Torbat-e-Jam – Capoluogo dell'omonima provincia nella regione nord-orientale del Khorasan Razavi, che raccoglie la produzione dei nomadi Timuri e Bahluri, di gruppo Baluci e appartenenti al Chahar Aimak. Sono rinomati i rari esemplari di tappeti afgani, realizzati con motivi originali dai profughi di quel paese, che risiedono dalla fine degli anni Settanta (1979) in questa terra di confine.

Torshiz – Città di antica origine, costruita originariamente sul pendio dei monti Chehl Dokhtar e Kuh sorkh, in un fertile e grande altopiano, dove oggi si trovano alcuni monumenti storici, come il minareto di Kashmar ed il villaggio Aliabad Kashmar, situato nella parte centro-meridionale della regione del Khorasan Razavi. Nel corso della storia, per la sua tenace resistenza, Torshiz fu spesso completamente distrutta dagli invasori arabi, turchi, mongoli e turcomanni, e poi ricostruita in un'area adiacente, spostandosi alla ricerca di terreni più facilmente irrigabili ad est della pianura. L'attuale città di Torshiz, che da alcuni decenni ha cambiato il nome in Kashmar, venne costruita nel 1880 a trenta chilometri dalla vecchia sede. Torshiz (Kashmar) è stata da sempre una delle maggiori aree di produzione di tappeti a disegni floreali, e con decorazioni a medaglione centrale e motivo herati. I tappeti di Torshiz (Kashmar) sono caratteristici per l'impiego di ottimo materiale e per la robustezza della loro struttura.

Trama - Filato in lana, cotone o seta, che percorre trasversalmente l'intera larghezza del tappeto, fra i fili dell'ordito, tra una fila e l'altra di nodi. L'ordito e la trama costituiscono l'ossatura del tappeto: la trama normalmente passa due volte, dapprima tesa, poi floscia; spesso tinta in blu chiaro o rossa, è quella che si vede sul retro del tappeto. Esistono anche diversi tappeti a trama unica e con trame multiple. Una volta passata, la trama, per farla aderire bene, viene battuta con forza sui nodi con speciali pettini in legno o in metallo. Da questa operazione, e dallo spessore dei filati usati, dipende la finezza del tappeto.

Trame aggiunte, tecnica a – La decorazione dei *kilim* principalmente avviene utilizzando la tecnica dell'inserzione di trame supplementari decorative tra gli orditi, con cui si realizzano i disegni, solitamente a carattere geometrico.

Trame avvolte, tecnica a – Questa tecnica di tessitura viene usata per la realizzazione dei *kilim*; viene eseguita attraverso l'inserzione di trame colorate che avvolgono gli orditi, passando solitamente sopra quattro e sotto due orditi, e correndo libere sul retro del *kilim* ai cambi di colore. Le trame avvolte talvolta sono alternate a normali trame strutturali, oppure possono essere al medesimo tempo decorative e strutturali.

Turkmeni (Turcomanni) - Tribù nomadi o seminomadi di antico ceppo turco, provenienti dall'Asia centrale in seguito all'invasione mongola, insediate in Turkmenistan e in Iran settentrionale. Tra i Turkmeni è vivissima la tradizione del tappeto; le donne producono al telaio tappeti, *kilim* e sacche di varia forma e destinazione, tutti ornati dai caratteristici *gul* e dominati dal colore rosso. Molto spesso l'ordito dei *sejadeh* turcomanni iraniani, delle regioni del Golestan e del Khorasan del nord, è di seta, e di conseguenza sono i più raffinati tappeti tribali conosciuti. Le più importanti tribù turkmene sono formate dai Tekkè, Salòr, Saryk, Yomut, Ersari, Chodor e Arabatchi. Una menzione particolare viene riservata al telaio triangolare, impiegato nella tessitura di tappeti di grandi dimensioni presso laboratori spaziosi.

Uzbeki (Usbechi) - Popolazione di origine turco-mongola, stanziata nella Repubblica dell'Uzbekistan, parte del territorio turkmeno e nel nord dell'Afghanistan.

Vello - I due capi recisi dei nodi costituiscono il vello (pelo) del tappeto. L'altezza del vello viene solitamente pareggiata in due operazioni separate di rasatura, eseguite rispettivamente durante la tessitura del tappeto con un coltello e, a lavoro terminato, con le forbici. L'altezza del vello, ovvero lo spessore del tappeto, dipende dalla finezza dei suoi nodi: in quello pregiato con nodi fitti è bassa, in quello con pochi nodi è alta.

Via della seta – Antica strada di collegamento tra la Cina e il vicino oriente (o Anatolia), che passa per il Turkestan, l'Asia centrale e la Persia. Nota per il percorso su cui si sviluppava il commercio della merce più preziosa e richiesta: la seta. L'apertura, la sicurezza e la percorribilità di questa via garantivano la pace e la prosperità. L'interruzione invece segnalava i periodi bui di guerra e carestia: "dai confini dove passano le merci non passano i soldati".

Wahhabiti - I seguaci di questa setta, derivata dai sunniti Hanbaliti (hanbalismo), prendono il nome dal loro più famoso teorico e ideatore, *Muhammad Ibn Abdal-Wahhab* (1703-1792), vissuto nella città di Naged, che ancora oggi è una roccaforte dei fondamentalisti dell'Arabia Saudita. Alcuni settori fondamentalisti della setta wahhabita, maggiormente diffusa tra i sunniti dell'Arabia Saudita, portano rancori e odio verso la comunità sciita. Nel 1991 un gruppo di 50 docenti di teologia wahhabita (*olama*) ha scritto una lettera aperta al principe reggente Abdullah, criticando aspramente lo sviluppo di una società consumistica e di poca moralità in Arabia Saudita. Va però detto che, nell'arcipelago sunnita, i seguaci di questa religione attualmente costituiscono una piccola minoranza. Grazie agli enormi mezzi finanziari sauditi e di alcuni emirati arabi del Golfo Persico, il wahhabismo tende invece ad espandersi in Pakistan, in Afghanistan e nelle ex repubbliche sovietiche dell'Asia centrale, dove le popolazioni sono di origine turca e turcomanna. Ciò ha dato origine ad un dissidio tra gli attivisti del wahhabismo militante e il potere. I wahhabiti trovano facilmente nuovi convertiti tra gli emigrati musulmani in Europa e in Italia, grazie soprattutto agli ingenti finanziamenti per la costruzione delle moschee e all'arruolamento di persone delegate alla propaganda religiosa. Quest'ultimo è un compito piuttosto facile, tenendo conto della libertà e delle garanzie democratiche vigenti nei paesi dell'Unione Europea.

Waziri – Popolazione e nome di tappeti annodati dagli Ersari delle province afgane di Shiberghan e Balkh; sono caratterizzati da disegni fantasiosi, estranei alla tradizione tribale. Il termine è una denominazione commerciale, derivato da *wazir* o visir, che in persiano significa "ministro".

Zabol – Importante città iraniana, capoluogo dell'omonima provincia, costruita sul fiume Hirmand nel Belucistan. Zabol è luogo di nascita di Rostam, l'eroe epico del *shah nameh*, il *libro dei Re*, epopea di Ferdousi (Ferdowsi), il padre dell'attuale lingua farsi, o persiana. Nelle vicinanze di questa città, alla fine degli anni Sessanta del ventesimo secolo, da parte di una spedizione di archeologi italiani fu scoperta Shahre sukhte, la città bruciata, la più antica città del mondo fino ad oggi scoperta, databile dai tre ai cinquemila anni a.C. Con il nome di Zabol talvolta vengono commercializzati i tappeti *zaronim* e *dozar* Baluci o Belucistan, interamente annodati in lana di pecora, con le cimose in pelo di capra e nodi grossolani.

Zahir Shah - L'ultimo Re dell'Afghanistan (1933 – 1973).

Zakāt - È un'imposta patrimoniale, che va pagata su nove prodotti, qualora il loro possesso superi un limite prestabilito, detto "nesab" (numero, o la quantità minima di possesso per essere tassabile). I nesab per grano, orzo, datteri e uva secca sono di 847,207 chilogrammi. Superando la produzione o il possesso di questi prodotti in un anno solare, il contribuente dovrà pagare il 10% di Zakāt sulla quantità superiore. Altri prodotti sono oro (superiore a 75 grammi) al 2,5%, argento (superiore a 525 grammi) al 2,5%, cammello (per il possesso di 5 animali) si paga una pecora, mucche (per ogni 30) si paga un vitello di due anni, e ovini (per i primi 40).una pecora, poi per ogni cento un ovino.

Zaratustra, Zarathustra, Zartosht – Nel 630 a.C. circa, a Balkh, nel nord dell'odierno Afghanistan, nasce il filosofo e profeta Zaratustra. Lo zoroastrismo, una delle prime fedi monoteiste del mondo, dal 550 a.C. al 651 d.C. è stata la religione di Stato di tre grandi imperi persiani. Il concetto dualistico del bene e del male della religione di Zaratustra, rappresentato dall'eterna lotta fra Dio e il diavolo, influenzò il giudaismo, il cristianesimo e l'Islam, in particolare lo sciismo, che è l'Islam persianizzato.

Cronologia

Per il lettore può essere utile una cronologia degli avvenimenti più importanti degli ultimi cinque secoli della storia afgana e iraniana.

1499: Rivolta delle tribù nomadi turche Qazalbash, sotto la guida dei capi religiosi sciiti Safavidi contro gli Aq qiunlu.

1501–1722 (1736): Ismail I (Regno 1501 – 1524) fonda la dinastia Safavide. Sceglie Tabriz come capitale. Mentre la maggioranza degli iraniani è ufficialmente sunnita, Ismail impone lo sciismo come religione di Stato, in contraddizione con i sunniti turco-ottomani regnanti nella vicina Anatolia (Turchia). Nel 1503 sconfigge definitivamente l'esercito del Shirvan Shah, l'ultimo Re degli Aq qiunlu. Nel 1510 Shah Ismail I conduce una guerra vittoriosa contro gli uzbechi nelle vicinanze della città di Mary, nell'odierno Turkmenistan.

1514–1555: Quarant'anni di guerre tra i turchi Ottomani e i Safavidi. Il 23 ottobre 1514, a Chaldran, gli iraniani perdono la battaglia contro l'esercito turco.

1524–1576: Durante il Regno di **Shah Tahmaseb**, nel 1548, per ragioni strategiche la capitale viene trasferita da **Tabriz** a **Qazvin (Ghazvin)**. In questo periodo viene fondata a Tabriz la Scuola del libro (madrasah ketab) dove s'insegna la miniatura, la calligrafia e l'arte del libro, che contribuisce in modo decisivo alla rinascita e allo sviluppo della ceramica e del tappeto persiano.

1555: Trattato di pace tra la Turchia ottomana e l'Iran Safavide.

1587–1629: Lungo periodo del Regno dello **Shah Abbas I** il grande (1557 – 1629). In questi anni, a parte le continue guerre con gli ottomani, seguite da trattati di pace, il Paese vive un notevole progresso economico, artistico e culturale. Negli anni 1597 e 1598 la capitale viene spostata da **Qazvin** all'antica città iraniana di **Isfahan (Esfahan)** nel centro del paese. Per l'occasione vengono costruiti monumenti, Piazze e opere pubbliche, che a tutt'oggi sono considerati degli splendori dell'architettura per l'arte mondiale. Le ceramiche e i tappeti prodotti in questo periodo ad Isfahan raggiungono l'apice della bellezza. Nel 1601–1602, Shah Abbas I conquista l'isola di **Bahrain** (Bahrayn, Bahrein). Durante il suo Regno riesce a cacciare i portoghesi, prima potenza europea, occupando l'isola strategica di **Hormoz** sullo stretto e l'odierna **Bandar Abbas**, denominata in quell'occasione Porto di Abbas.

1708–1715: Viene stipulato il primo trattato commerciale tra gli iraniani e i francesi, che ottengono il diritto della Capitolazione in Iran, ovvero i tribunali iraniani non possono giudicare i cittadini francesi residenti in questo Paese.

1709–1719: Continue rivolte delle tribù nomadi e delle popolazioni delle grandi città contro il governo e il Regno dei Safavidi.

1722: L'afgano **Mir Mahmud Ghalzai**, dopo l'invasione del 1720, per la seconda volta invade l'Iran e conquista la capitale Isfahan. Il sultano **Hossein Safavide** viene detronizzato e ucciso. Mir Mahmud si autoproclama Re di Persia.

1724, 12 giugno: Viene stipulato l'accordo tra la Russia zarista e la Turchia ottomana per la divisione delle regioni settentrionali e occidentali iraniane.

1730: Nader Qolì, capo della tribù turca **Afshar**, facente parte delle milizie Qazalbash, nella veste di comandante dell'esercito del giovane **Shah Tahmaseb II Safavide**, riesce a ristabilire il Regno dei Safavidi e riconquistare l'Afghanistan.

1730–1736: Guerre turco-iraniane; cacciata dei turchi ottomani dall'Azerbaigian.

1736, gennaio: Nader convoca nella pianura di **Moqan**, nell'Azerbaigian orientale, il **Quriltai**, il congresso, e raduna tutti i capi tribù dei Qazalbash, i comandanti dell'esercito, i nobili, le alte gerarchie religiose degli sciiti e dei sunniti, il vescovo cattolico degli armeni Abramo Cartatsi, gli alti dirigenti dello Stato, gli anziani capi clan delle città, le milizie tribali, i reparti dell'esercito; complessivamente circa 100mila persone. Tra esse vengono scelte le 54 persone più rappresentative del raduno, che compongono la commissione incaricata di coordinare i lavori del congresso. Nader propone la fine della dinastia Safavide e la scelta di un nuovo Re. Naturalmente compie questa mossa per evitare le guerre intestine tra i capi tribù dei Qazalbash e gli altri pretendenti al trono, ma orchestra tutto in modo che il congresso lo nomini Re di Persia. Diversi capi tribù e partecipanti al congresso sono contrari a nominare Nader come nuovo Re, ma l'unico esponente della commissione che ha il coraggio di esprimersi pubblicamente, insistendo che il regno deve restare alla casata dei Safavidi, è **Mulla-bashi**, il capo del clero sciita (attualmente chiamato **Ayattollah** o Imam), che viene assassinato per ordine dello stesso Nader. Pertanto **il congresso nomina Nader Scià di Persia**. In un primo momento lui rifiuta l'incarico, e pone alcune condizioni, la più importante delle quali riguarda la religione di Stato: il sunnismo deve essere equiparato allo sciismo, in modo da poter dominare senza eccessive difficoltà le popolazioni sunnite delle etnie curde, caucasiche, afgane, turkmene e uzbeke. Il congresso alla fine accetta questa condizione, così come il passaggio della dinastia reale dai Safavidi agli Afsharidi. Nader Qolì Afshar accetta allora la nomina a Scià di Persia nel mese di marzo del 1736. L'equiparazione del sunnismo allo sciismo è un'abile mossa politica di Nader, ma non diminuisce la rivalità e la diffidenza tra le due gerarchie religiose. **Con tutti i limiti del caso, nel Quriltai di Moqan, per la prima volta nella storia iraniana, il Re e la nuova dinastia reale vengono eletti in un'assemblea a carattere nazionale.** L'uomo forte di turno trova necessaria la legittimazione e il consenso popolare per salire al trono. **Lo Scià Abbas III**, un bambino di quattro anni e ultimo Re della dinastia Safavide, viene mandato in esilio da suo padre in Khorasan; in seguito tutti due vengono assassinati per ordine di Nader.

1743–1746: Guerra di Nader contro i turchi ottomani.

1743–1747: La situazione disastrosa dell'economia iraniana, conseguente alle devastazioni causate dall'invasione afgana, l'aumento della pressione fiscale e il massiccio servizio militare obbligatorio, per sostenere le continue guerre di **Nader Shah**, causano le rivolte delle popolazioni in diverse regioni del Paese: Caucaso, Fars, Astrabad (odierna Gorgan), Sistan e Kerman.

1747, giugno: A seguito della cospirazione dei suoi comandanti e dei parenti, **Nader** viene assassinato mentre dorme nella sua tenda, in una località vicino a **Quchan,** nel nord del Khorasan, nell'odierna base militare. Alla sua morte segue un periodo di guerre intestine, di divisioni e separazioni dei vari territori occupati, e annessi al vasto impero Afsciaride (Afsharide).

1747: Lo stato-nazione afgano, così com'è oggi, viene ad esistere nel 1747, all'indomani della morte di Nader Shah Afshar Scià di Persia; si forma una dinastia locale, che dà origine alla **dinastia Durrani, fondata da Ahmad Shah**, che conduce vittoriose campagne di conquista sino a Delhi in India. Tuttavia dura pochi anni, fino a quando il Regno Unito ottiene il controllo totale dello Stato, facendone il "gioiello dell'impero" britannico. **Nel 1823, alla caduta dei Durrani, lo stato afgano prende il nome di Emirato dell'Afghanistan**; da allora si confronta, sino agli inizi del XX secolo, con l'imperialismo britannico in una serie di epiche guerre d'indipendenza, che culminano con la creazione del Regno dell'Afghanistan nel 1919.

1747–1758: Seguono le guerre di successione per la conquista del potere in Iran, tra le tribù più potenti: i turchi Afshar e Qajar e i persiani Bakhtiari e Zand.

1760: Karim Khan Zand (1760–1779) vince le guerre e sale al potere, autoproclamandosi il "**Procuratore dei sudditi**".

1763: Karim Khan firma un trattato commerciale con la inglese "**Compagnia dell'India orientale**".

1779–1794: Alla morte di Karim Khan, segue un periodo di guerre per la presa del potere, tra i suoi successori e i pretendenti capi tribù turchi **Qajar**.

1794-1925: Dopo intricate lotte per la supremazia, il potere, conquistato da **Agha Mohammad Qajar,** rimane per 130 anni nelle mani della **dinastia Qajaride** (1796–1925). Nel 1795 **Agha Mohammad** invade la Georgia e trasferisce la capitale a Teheran. Nel 1796 a Teheran viene celebrata la sua incoronazione: **Agha Mohammad Shah Qajar.** Le potenze europee, attratte dalle ricchezze e dalle risorse minerarie dell'Iran, cominciano, passo dopo passo, a imporre la loro influenza sul Paese. La Persia, inchiodata sotto il potere dispotico della corte Qajaride, dei latifondisti feudatari e dei mullah autoritari, non riesce a modernizzarsi alla pari delle nazioni europee e a difendere le proprie frontiere e i propri interessi nazionali.

1797, maggio: Agha Mohammad Shah viene assassinato nel corso di una cospirazione di cortigiani, mentre è impegnato nella presa della fortezza **Shushi** in Georgia.

1797: Durante il regno di **Fath Ali Shah** le potenze straniere, in particolare la Russia, l'Inghilterra e la Turchia, cominciano le loro invasioni.

1825–1828: La Russia invade l'Iran e annette Baku, parte dell'Azerbaigian, della Georgia e tutto il Caucaso.

1868: Durante il lungo regno di **Naser al-Din Shah**, i russi invadono il **Turkestan, Bukhara e Samarcanda**.

Il governo dichiara la bancarotta e nel 1872 cede alla Gran Bretagna, rappresentata dal Baron Ruiter, la concessione per lo sfruttamento delle riserve petrolifere del Paese, accontentandosi di una esigua partecipazione ai proventi. Nel 1889 lo Scià cede alla Gran Bretagna il diritto di sfruttare i giacimenti di metalli preziosi del Paese.

1849–1851: Mirza Taqi Khan, soprannominato **Amir Kabir** (Amiro il Grande), diventa cancelliere della Persia. Durante i suoi due anni di governo cerca di modernizzare e riformare il Paese. Nei rapporti con le potenze straniere difende gli interessi nazionali. Riforma l'esercito e l'Amministrazione dello Stato. Invia il primo gruppo di studenti iraniani in Francia e Belgio. Fonda il **Dar al Fonun**, il Politecnico di Teheran.

1890–1892: I nazionalisti iraniani e gli ayatollah fomentano una rivolta popolare, costringendo lo scià Naser ad-Din ad annullare il suo accordo con la compagna britannica *Talbot* per il monopolio del tabacco. Questa vittoria del popolo viene considerata come l'inizio dei movimenti democratici in Iran.

1896: Lo scià **Naser al-Din** viene ucciso nel santuario di **Ray** dal patriota iraniano **Mirza Reza Kermani**.

1901, 28 maggio: Lo scià **Mozaffar al-Din** accorda al banchiere australiano e cittadino britannico **William Knox d'Arcy**, per un prezzo irrisorio, la concessione del monopolio per l'estrazione e la vendita del petrolio iraniano. L'accordo ha durata di sessant'anni e riguarda quasi tutto il territorio nazionale.

1905–1906: Il popolo si oppone al re corrotto, cercando di ostacolare la svendita del paese. Le proteste culminano in una rivoluzione. I nazionalisti combattono per avere un Parlamento e una Costituzione. Si formano due movimenti: uno richiede la **Mashruiat**, l'osservanza scrupolosa delle leggi religiose e coraniche, l'altro chiede la **Mashrutiat**, il passaggio dalla monarchia assoluta a quella costituzionale. Vince largamente quest'ultimo. Lo scià **Mozaffar al-Din Shah,** il 5 agosto 1906, concede il Parlamento e la Costituzione, trasformando il suo governo assolutista in una monarchia costituzionale. Muore un anno dopo, nel 1907.

1906, 7 ottobre: Inaugurazione del primo mandato del *Majles*, il Parlamento iraniano.

1906, 30 ottobre: Approvazione della Costituzione iraniana da parte dal Parlamento e del re. L'Iran è tra le poche nazioni del mondo, e il primo paese asiatico, ad avere una Costituzione.

1907, 18 (31), agosto: Firma della convenzione segreta tra Gran Bretagna e Russia, che stabilisce i confini delle loro zone d'influenza in Iran, Afghanistan e Tibet.

1907–1911: Il regno di **Mohammad Ali Shah** è segnato dai continui tentativi di ritorno alla dittatura assoluta. Infatti il 23 giugno 1908 il re organizza un Colpo di Stato e scioglie il Parlamento, facendo giustiziare chi ne è a capo. Con l'aiuto delle truppe russe zariste, soffoca nel sangue la rivolta popolare che ne consegue.

1908: Vengono alla luce i primi giacimenti petroliferi, e i britannici cominciano a estrarre il petrolio iraniano.

Formazione dei gruppi Socialdemocratici a *Tabriz* e in altre città iraniane.

1908–1909: Rivolta di città importanti, come *Tabriz, Rasht, Isfahan, Mashhad, Bushehr, Bandar Abbas* e molte altre, contro il Colpo di Stato e contro il re.

1909, 25 aprile: Invasione dell'esercito dello Zar di Russia e occupazione di *Tabriz*.

1909, aprile: Gli inglesi occupano i porti meridionali dell'Iran nel Golfo Persico e nel Mare di *Oman*.

1909, luglio: I partigiani costituzionalisti conquistano Teheran e depongono *Mohammad Ali Shah*. Sale al potere il principe ereditario *Ahmad Shah*.

1909: Viene fondata la Anglo-Persian Oil Company (APOC), che nel 1935 diverrà l'Anglo-Iranian.

1909, 15 novembre: Le forze progressiste pro monarchia costituzionale costringono *Ahmad Shah* ad indire le elezioni e inaugurare la seconda legislazione del Parlamento iraniano.

1909, fine: Viene fondato il Partito Democratico iraniano.

1911: Il Parlamento iraniano, *Majles*, scioglie il Ministero della giustizia, controllato dal clero musulmano. Viene elaborato un codice civile secondo il modello francese.

1911, 13 maggio: Arrivo a Teheran di una missione di esperti finanziari americani, capeggiati da Mr. Shuster. L'11 giugno 1911, il Parlamento iraniano concede pieni poteri alla missione di Shuster per la riorganizzazione del sistema finanziario iraniano.

1911, luglio: Il deposto *Mohammad Ali Shah,* appoggiato dai suoi alleati e sostenitori, cerca di riprendere il potere. Nell'autunno del 1911 viene definitivamente sconfitto; all'ex re non rimane altro che fuggire in Russia e morire in esilio.

1911, 29 novembre: Ultimatum del governo russo, appoggiato dalla Gran Bretagna, al governo iraniano, per l'immediata espulsione dei consiglieri finanziari americani di Shuster.

1911, dicembre: Nuove aggressioni dell'esercito russo alle regioni settentrionali e di quello inglese a quelle meridionali dell'Iran.

1911, 24 dicembre: Colpo di Stato delle forze antidemocratiche a Teheran: chiusura del Parlamento e persecuzione delle forze rivoluzionarie in tutto il paese (dicembre 1911-1912).

1911–1914: I governi russo e britannico concedono dei prestiti a quello iraniano, affondandolo nei debiti.

1912: L'Ammiragliato britannico si assicura il possesso del 51% delle azioni dell'APOC.

1914, 2 novembre: Il governo iraniano dichiara la sua neutralità nella prima guerra mondiale.

1914, novembre: Invasione dell'esercito turco e occupazione dell'Azerbaigian iraniano.

1914, fine: L'esercito britannico occupa di nuovo le regioni meridionali dell'Iran.

1914–1918: Rivolta delle tribù nomadi iraniane contro l'occupazione inglese.

1915, gennaio: Occupazione di Tabriz da parte degli eserciti della Turchia e della Germania.

1915, 30 gennaio: L'esercito russo invade l'Iran, caccia via turchi e tedeschi, e conquista la città di Tabriz.

1915: Attività spionistiche tedesche nelle varie città dell'Iran centrale e occidentale.

1915, marzo: Nuovo accordo segreto tra i russi e gli inglesi per la divisione della zona neutrale dell'Iran, comprendente Isfahan (Esfahan) e le altre regioni centrali del paese.

1915–1916: Operazioni della prima guerra mondiale nelle regioni iraniane di **Hamadan** e **Kermanshah**.

1917, 25 ottobre: Conquista del Palazzo d'inverno da parte dei rivoluzionari russi, guidati da **Lenin,** e formazione di un nuovo governo, che prende il nome di Soviet dei commissari del popolo. La presidenza va a **Lenin,** che dichiara la fine della monarchia in Russia.

1917, novembre: Primo decreto del nuovo governo sovietico, riguardante la politica estera russa e i rapporti con l'Iran.

1917, dicembre: Il governo iraniano è il primo a riconoscere il governo sovietico.

1918, 29 gennaio: Il governo sovietico annulla unilateralmente gli accordi segreti del 1907 e del 1915 con la Gran Bretagna, e ogni altro accordo che sia in contrasto con l'indipendenza e l'integrità territoriale dell'Iran.

1918, gennaio–marzo: Per ordine del governo sovietico, l'esercito russo viene evacuato dalle regioni settentrionali dell'Iran.

1918, giugno: Occupazione militare delle regioni settentrionali e nord-orientali dell'Iran da parte dell'Esercito britannico.

1918, luglio–agosto: Costituzione del Governo e del Parlamento locale nella città di **Rasht** e nel **Porto di Anzali,** sul mare Caspio, sotto la guida del nazionalista **Mirza Kuchek-Khan Giangali**, capo partigiano del movimento dei boscaioli "**Giangalī**".

1918: Dopo la fine della Prima guerra mondiale, aumenta l'egemonia inglese in Iran. L'economia è controllata completamente dagli inglesi.

1919: Nasce **Il Regno dell'Afghanistan (1919-1973)**. Con l'ascesa del re *Amanullah Khan*, nel 1919 il paese riprende il controllo della propria politica estera, uscendo dalla zona di influenza del Regno Unito. Negli anni successivi alla terza guerra anglo-afgana, il re opera per mettere fine al tradizionale isolamento del paese: stabilisce rapporti diplomatici con i paesi più importanti, e, a seguito di un viaggio in Europa e in Turchia (durante il quale osserva l'operato di *Atatürk*), introduce diverse riforme intese alla modernizzazione. Abdica nel gennaio 1929, dopo che un'insurrezione armata, guidata da *Habibullah Kalakani*, conquista Kabul.

1919: Nonostante le violente proteste del clero sciita, il governo iraniano apre le prime scuole femminili in Iran, prima nella città di Tabriz e in seguito a Teheran.

1919, 9 agosto: Firma del trattato tra Iran e Gran Bretagna.

1920, 20 maggio: Sono ristabilite le relazioni diplomatiche tra Iran e Unione Sovietica.

1920, giugno: Si costituisce il Partito Comunista iraniano.

1920, 5 luglio: Proclamazione della Repubblica del **Ghilan**, la regione settentrionale iraniana sulle rive meridionali del mare Caspio. A fine di luglio si scioglie il fronte unito nazionale, che reggeva la nuova Repubblica.

1921, 21 febbraio: Colpo di Stato del giornalista filo-inglese **Syyd Ziia al-Din** e di **Reza-Khan**, ufficiale cosacco dell'esercito iraniano, contro il governo di Teheran. **Ahmad Shah** rimane formalmente il re, ma in realtà a governare è **Reza-Khan**.

1921, maggio: **Syyd Ziia al-Din** si dimette dall'incarico di Primo Ministro e fugge a Baghdad. Nel Ghilan si riunisce di nuovo il Fronte unito Nazionale.

1923: Reza-Khan diventa Primo Ministro. Lo Scià **Ahmad** si trattiene in Europa per "un soggiorno di cura". Non tornerà più in Iran.

1925, 31 ottobre: La quinta legislatura del Parlamento iraniano approva una mozione che dichiara decaduta la dinastia **Qajaride,** e concede i poteri al governo provvisorio di **Reza-Khan.**

1925 12 dicembre: La Costituente iraniana dichiara l'inizio del regno di **Reza Shah,** che assume il cognome di **Pahlavi** (**Pahlewi**). In questo modo Reza-Khan spodesta ufficialmente **Ahmad Shah.** È la fine della dinastia dei **Qajar.** Il Parlamento continua a esistere formalmente, ma non può esercitare alcun controllo democratico. Il calendario islamico, basato sui cicli lunari, viene ora incentrato sull'anno solare. Il punto di partenza resta comunque l'egira, ovvero la fuga di Maometto dalla Mecca a Medina (622 d.C. circa).

1927–1928: Cresce la tensione tra Gran Bretagna e Iran sul problema di **Bahrin.**

1927, 1 ottobre: Firma del trattato di "garanzia della neutralità" di Unione Sovietica-Iran nei rapporti reciproci tra i due governi.

1928, maggio: L'Iran dichiara la decadenza di tutti i trattati di capitolazione con le super potenze e rivendica il suo diritto nel settore del commercio estero e sulle tariffe doganali del paese.

1929: Il principe **Mohammed Nadir Shah**, un cugino di *Amanullah*, sconfigge e uccide *Habibullah Kalakani*. Con l'appoggio delle tribù *Pashtun*, nell'ottobre dello stesso anno, viene dichiarato re *Nadir Shah*. Quest'ultimo abbandona le riforme radicali del suo predecessore, a favore di un percorso più cauto verso la modernità. Nel 1933 viene assassinato da uno studente di Kabul.

1931, maggio: Approvazione della Legge che dichiara fuorilegge il comunismo in Iran.

1933: *Mohammed Zahir Shah* (1914-2007), il figlio diciannovenne di *Nadir Shah*, succede al trono, per regnare fino al 1973. Sotto il suo regno l'Afghanistan vive uno dei periodi più lunghi di stabilità. Durante questo periodo il Paese rimane neutrale: non partecipa alla seconda guerra mondiale, né si allinea ai blocchi di potere durante la Guerra fredda. Mentre il re si trova in Italia, il 17 luglio 1973, suo cugino (ex primo ministro), *Mohammed Davud Khan*, organizza un golpe incruento e scrive la parola fine sulla monarchia in Afghanistan.

1933, 29 aprile: Viene rinnovato il contratto con la ***Anglo-Persian Oil Company***.

1934: Lo scià dà disposizioni affinché l'Università di Teheran accetti anche le studentesse.

1935: *Reza Shah Pahlavi*, con un decreto, cambia il nome della "Persia", nome datole da Alessandro Magno, nell'antica denominazione "Iran".

1936: Nonostante la violenta opposizione dei religiosi, lo scià ***Reza Pahlavi*** vieta alle donne di velarsi, e impone l'occidentalizzazione del vestiario agli uomini. Di fatto, tale provvedimento impedisce a molte donne di mostrarsi in pubblico per anni. Gli uomini devono togliere i turbanti e le palandrane lunghe, per sostituirli con i cappelli, le giacche e i pantaloni. Nel 1941 il figlio ***Mohammad-Reza Shah*** toglierà il divieto, a causa della pressione dei conservatori.

1937: A Teheran, nel Palazzo reale di ***Saad-abad***, viene firmato un trattato che unisce Iran, Turchia, Iraq e Afghanistan.

1938: Inaugurazione della ferrovia transiranica che collega il porto di ***Bandar Bushehr***, l'odierno porto di ***Bandar***

Khomeini, sulla riva settentrionale del Golfo Persico, al porto di **Bandar Shah**, l'attuale **Bandar Turkemene**, sulla riva meridionale del mare Caspio.

1939, 3 settembre: L'Iran dichiara la sua neutralità nella Seconda guerra mondiale.

1941, 26 giugno: Il governo dell'Unione Sovietica presenta al governo iraniano una nota di protesta contro l'influenza e l'attività delle spie e degli elementi della quinta colonna dell'esercito tedesco in Iran.

1941, 19 luglio e 16 agosto: Note congiunte di protesta dei governi britannico e sovietico contro le attività delle spie tedesche in Iran.

1941, 25 agosto: Gli eserciti, dell'Unione Sovietica dal nord e della Gran Bretagna dal sud, invadono l'Iran, senza tenere conto della dichiarazione di neutralità del 3 settembre 1939.

1941, 17 settembre: A causa delle sue probabili simpatie (propensione) segrete per i tedeschi, **Reza Shah Pahlavi** abdica a favore del figlio **Mohammad-Reza Pahlavi**. **Reza Shah** viene deportato dagli inglesi a Johannesburg, in Sudafrica, dove muore.

1941, 19 settembre: Il nuovo governo iraniano decreta la liberazione dei prigionieri politici in tutto il territorio nazionale.

1941, ottobre: In Iran viene costituito il partito **Tudeh** (partito delle masse), di orientamento filosovietico.

1942, 29 gennaio: L'Iran aderisce al fronte degli alleati, firmando un trattato militare con l'Unione Sovietica e la Gran Bretagna contro la Germania Hitleriana.

1942: Sbarco dell'esercito degli Stati Uniti d'America in Iran.

1942–1943: Il Primo Ministro **Qavam al-Saltaneh** invita i primi consiglieri militari americani alla riorganizzazione dell'esercito e della gendarmeria iraniana; tra questi anche **Norman Schwarzkopf**, che sarà uno dei principali organizzatori del Colpo di Stato militare dell'agosto 1953, contro il governo democratico di **Mossadeq**.

1943, 8 aprile: Firma del trattato commerciale tra Iran e Stati Uniti d'America.

1943–1945: Il governo iraniano convoca per la seconda volta la commissione degli esperti finanziari americani, capeggiati da Mr. **Milespò**, per la riorganizzazione della finanza pubblica del paese.

1943, 28 novembre – 1 dicembre: Si tiene la Conferenza di Teheran. È la prima occasione nella quale si riuniscono i cosiddetti "tre Grandi" della Seconda guerra mondiale: **Joseph Stalin**, per l'Unione Sovietica, F.D. **Roosevelt**, per gli Stati uniti d'America, e **Winston Churchill** per la Gran Bretagna. In questa conferenza essi si accordano sull'appoggio ai partigiani di **Tito** in Jugoslavia, sulla data e sulle modalità esecutive della Operazione **Overlord** (Sbarco in Normandia), sull'entrata in guerra dell'URSS contro il Giappone dopo la sconfitta della Germania, sulla creazione, dopo la guerra, dell'Organizzazione delle Nazioni Unite (**ONU**). Vengono presi accordi per lo sbarco nel canale della Manica nella Francia occupata dai nazisti, si delineano i confini della Polonia, permettendo all'URSS di spostare le proprie frontiere europee ad ovest per ragioni di sicurezza. I tre inoltre riconoscono l'importanza e il ruolo delle raffinerie di Abadan, dei pozzi petroliferi e della ferrovia transiranica nella vittoria degli alleati. Nella dichiarazione finale della Conferenza di Teheran, chiamano l'Iran "**il ponte della vittoria**", e si impegnano al rispetto della sua l'integrità territoriale e all'evacuazione completa dei loro eserciti alla fine del conflitto mondiale.

1944, agosto: Viene celebrato il primo congresso del partito *Tudeh* iraniano.

1945, giugno–luglio: Nasce il Partito Democratico filo sovietico dell'Azerbaigian iraniano.

1945, 20–21 novembre: Assemblea generale del popolo dell'Azerbaigian iraniano a Tabriz.

1945, 12 dicembre: Inaugurazione del Parlamento nazionale dell'Azerbaigian iraniano e formazione del governo autonomo filosovietico della regione. *Jafar Pishevari* diviene il capo del governo.

1945, febbraio: Chiusura delle sedi del partito *Tudeh* a *Yazd, Isfahan* e in altre città iraniane.

1945, novembre–dicembre: Risveglio dei movimenti democratici in tutte le regioni iraniane.

1946, gennaio: Viene costituito il governo autonomo curdo filosovietico a *Mahabad*, capoluogo della regione del *Kurdistan* iraniano. Alla fine del dicembre 1945, e nei primi del gennaio 1946, viene proclamata dai curdi la nascita della Repubblica curda di Mahabad nel Kurdistan orientale (la regione nord occidentale dell'Iran), all'epoca sotto controllo militare sovietico. **Qazi Mohammad** viene proclamato presidente della Repubblica e capo del governo, e **Mustafa Barzani** viene nominato ministro della Difesa e comandante in capo delle forze armate curde repubblicane. Nel maggio del 1946 le truppe sovietiche sgomberano il territorio, in seguito agli Accordi di Yalta, e nel dicembre Mahabad viene occupata dalle truppe iraniane. Il Presidente della Repubblica di Mahabad viene impiccato pubblicamente sulla piazza chiamata "Çar Çira" a Mahabad, e molti altri esponenti vengono massacrati. **Mustafa Barzani** rifiuta di arrendersi all'esercito iraniano e coi i suoi seguaci combattenti **Peshmerga (Peesh-marga, Piscemarghe)**, pronti a morire per primi, torna in Iraq e, in seguito, per sfuggire agli eserciti iracheni, iraniani e turchi, fugge in Unione Sovietica. Nell'Azerbaigian sovietico lui e i suoi seguaci vengono prima internati e successivamente autorizzati a studiare e lavorare. Il ritorno in Iraq avviene nel 1958, dopo la caduta della monarchia **Hashimita**.

1946, 8 marzo: Il Presidente degli Stati Uniti d'America **Harry Truman** manda al Ministro degli esteri sovietico **Vyacheslav Mikhailovich Molotov** un ultimatum, chiedendo l'uscita delle truppe sovietiche dall'Azerbaigian e dal Kurdistan.

1946, 4 aprile: Il Primo Ministro iraniano **Ahmad Qavam (Ghavam)** firma a Mosca, con il governo sovietico, un accordo per la creazione di una società petrolifera per lo sfruttamento del petrolio delle regioni settentrionali: il 51% per i russi, il 49% per gli iraniani, astutamente munito di una clausola, in cui si specifica che l'accordo deve essere convalidato dal Parlamento iraniano.

1946, maggio: Le truppe sovietiche evacuano le regioni nordoccidentali dell'Iran.

1946, 10 dicembre: Occupazione delle due regioni autonome dell'Azerbaigian e Kurdistan da parte dell'esercito nazionale iraniano, e persecuzione degli autonomisti e degli iscritti ai loro partiti democratici; **Jàfar Pishevari**, altri membri del suo governo e i dirigenti del Partito riparano nell'Unione Sovietica.

1947, 31 marzo: Fucilazione dei dirigenti del Partito Democratico Curdo.

1947, 22 ottobre: Il Parlamento iraniano boccia l'accordo del 4 aprile 1946 con l'Unione Sovietica, per la concessione dello sfruttamento del petrolio del nord del paese.

1949-1953: L'era di *Mossadeq*. Alcuni parlamentari laici, liberali, socialdemocratici e nazionalisti di opposizione democratica del Majles iraniano, guidati da **Mohammad Mossadeq,** formano il "*Jebhe Melli Iran*", Fronte Nazionale dell'Iran. I loro principali obiettivi sono la nazionalizzazione delle industrie petrolifere, la fine delle ingerenze delle potenze straniere negli affari interni, e la democratizzazione dell'Iran. Mobilitano un grande movimento popolare. Il Fronte Nazionale non ha la struttura di un partito, ma è un'alleanza. I suoi simpatizzanti in realtà sono per lo più sostenitori di *Mossadeq* e delle sue tesi.

1949, 4 febbraio: Attentato contro lo scià durante una visita all'Università di Teheran. L'attentatore, **Naser Fakhrarai,** che successivamente viene accusato di essere un militante del partito *Tudeh*, viene ucciso sul posto dalla scorta dello scià.

1949, aprile–maggio: La Costituente, voluta dallo scià, modifica la Costituzione iraniana e limita i diritti dei cittadini, autorizzando lo scià a sciogliere il Parlamento "in caso di necessità". Viene creato il Senato, con la metà dei Senatori nominati dal re.

1950, 4 gennaio: Firma dell'accordo commerciale tra Iran e Unione Sovietica.

1950, 23 maggio: Firma dell'accordo militare tra Iran e Stati Uniti d'America a **Washington**.

1951, 7 marzo: Assassinio del Primo Ministro generale **Razmara** nel **Masjed Shah,** la grande Moschea del Bazar di Teheran, per mano di un militante fondamentalista sciita del movimento "**Fadaian Eslam**", (pronti a morire per l'Islam).

1951, 15 marzo: Majles shora, il Parlamento iraniano, con una maggioranza schiacciante approva la nazionalizzazione delle industrie petrolifere iraniane.

1951, 28 aprile – 19 agosto 1953: Mohammad Mossadeq (1882–1967) il deputato più votato nel collegio di Teheran, diviene primo ministro iraniano, democraticamente eletto. Il 28 aprile viene incaricato dallo scià di formare il governo e ottiene la fiducia della maggioranza dei parlamentari. Nel 1951 porta a termine la nazionalizzazione delle industrie petrolifere iraniane, fino allora controllate dalla Società inglese *Anglo-Iranian Oil Company*. La decisione del Parlamento iraniano non viene accettata dai britannici, che di conseguenza devono lasciare l'Iran. Le esportazioni petrolifere iraniane, in seguito al boicottaggio economico e al blocco navale inglese nel Golfo Persico, cessano completamente.

1951, 1 maggio: Mossadeq incarica un suo alleato, il politico **Hossein Makki,** di prendere in consegna le raffinerie di Abadan e i pozzi petroliferi del Khozistan "**Khal-e-iad**" dall'*Anglo-Iranian Oil Company*.

1951, ottobre: Il governo iraniano ricorre al Consiglio di Sicurezza dell'ONU contro il boicottaggio del suo petrolio e il blocco navale dei suoi porti da parte della Gran Bretagna.

1952, 16 luglio: Sotto le pressioni delle super potenze straniere e i continui intrighi interni, **Mossadeq** presenta le dimissioni al Parlamento. Il 18 luglio lo scià incarica **Ahmad Ghavam** (**Qavam al-Saltaneh**) di formare il nuovo governo. La gente scende in piazza in tutto il paese a protestare contro lo scià e il nuovo governo. Le manifestazioni a Teheran vengono represse nel sangue dall'esercito e dalla polizia. Il 21 luglio 1952 **Qavam** presenta le sue dimissioni e **Mossadeq** viene nuovamente incaricato dallo scià di formare il governo; il Parlamento iraniano vota la fiducia al suo nuovo gabinetto.

1952, 22 ottobre: Interruzione delle relazioni diplomatiche tra Iran e Gran Bretagna.

1953, 19 agosto (28 Mordad 1332 del calendario iraniano): un Colpo di Stato militare rovescia il governo legale di Mossadeq a Teheran. Il 13 agosto 1953 lo Scià di Persia Mohammad Reza Pahlavi, sotto la pressione dei governi britannico e americano, firma illegalmente il decreto che destituisce il Premier Mossadeq, nominando Zahedi (Zahedee) – un generale noto come filonazista - primo ministro. Il giorno successivo lo Scià, accompagnato dalla moglie Soraya, a bordo di un piccolo aereo pilotato da lui stesso, fugge alla volta di Baghdad e poi a Roma, dove lo raggiunge il capo della Cia Allen Welsh Dulles, per coordinare le azioni insieme a Mohammad Reza Pahlavi. Il 19 agosto 1953 la CIA americana, rappresentata a Teheran dal generale Norman Schwarzkopf – dal 1942 al 1948 organizzatore della gendarmeria e guardia del corpo dello scià - e i servizi segreti inglesi (MI5), organizzano un Colpo di Stato Militare (chiamato operazione TP-AIAX) contro Mossadeq, che viene arrestato; la sua casa viene prima saccheggiata e poi rasa al suolo. Nei giorni a seguire, i militari uccidono migliaia di manifestanti e riempiono le carceri di oppositori. Lo Scià, accompagnato da *Soraya*, torna a Teheran sul trono del pavone. Il suo nuovo Primo Ministro, generale *Fazlollah Zahedi* (Zahedee), riconsegna il petrolio iraniano, che rimane nazionalizzato, alle sette compagnie petrolifere anglo-americane, chiamate Sette Sorelle. Queste ultime, indisturbate, sfruttano i giacimenti petroliferi iraniani fino agli scioperi generali dell'autunno 1978, che terminano nella rivoluzione islamica dell'11 febbraio 1979. Mossadeq viene processato e imprigionato per tre anni, per poi passare il resto della vita agli arresti domiciliari nella sua fattoria di *Ahmadabad*, alla periferia di *Karaj*, a poche decine di chilometri da Teheran. Da questa data cresce l'influenza politica, economica e militare degli Stati Uniti d'America in Iran.

1953: 7 dicembre (16 Azar 1332 del calendario iraniano): nell'Università di Teheran, durante lo sciopero e la manifestazione studentesca contro il ristabilimento delle relazioni diplomatiche con la Gran Bretagna, vengono uccisi dalle forze di polizia e dai militari tre studenti: **Ahmad Ghandchi** appartenente al "*Jebhe-e Melli*", "Fronte Nazionale" fondato da *Mossadeq*, **Shariat-Razavi** e **Bozorg-Nia,** due simpatizzanti del "*Hezb-e Tudeh*", Partito della massa ovvero del Partito Comunista Iraniano. Quella data venne dichiarata successivamente "**la giornata dello studente**". Da quel giorno le Università iraniane troppe volte ancora vennero bagnate dal sangue dei giovani che chiedevano indipendenza, libertà e democrazia. Il giorno seguente **Richard Nixon** all'epoca vice del presidente americano *Eisenhower*, durante la visita di Stato in Iran, si reca nell'Università di Teheran, vuota, senza studenti e occupata dai militari, per ricevere il Dottorato onorario in Legge e fornire il suo appoggio allo Scià *Mohammad Reza Pahlavi*.

1953, dicembre: Vengono ristabilite le relazioni diplomatiche tra l'Iran e la Gran Bretagna.

1954, 19 settembre: Viene firmato a Teheran l'accordo petrolifero tra il governo iraniano e il Consorzio Petrolifero Internazionale, formato dalle maggiori compagnie petrolifere americane ed europee, le famose "sette sorelle".

1954, 7 dicembre: Vengono fucilati dodici dirigenti del partito *Tudeh* e delle organizzazioni democratiche sindacali a Teheran.

1955, 3 novembre: Lo scià firma il Decreto di partecipazione dell'Iran al "Patto Militare di Baghdad", tra Stati Uniti d'America, Gran Bretagna, Turchia, Iraq e Pakistan.

1957: Viene creata la polizia segreta dello Scià, la **SAVAK** (Organizzazione nazionale per la sicurezza e l'informazione), che avrà fama mondiale per la brutalità, le torture praticate e per il regime poliziesco instaurato in Iran.

1957, agosto: Viene firmato a Teheran l'accordo tra il governo iraniano e la Società petrolifera italiana "***AGIP Mineraria***" Società Italo-Iraniana dei Petroli (***SIRIP***), per la concessione dello sfruttamento di alcuni campi petroliferi iraniani nel Golfo Persico e nella regione meridionale ***Fars***. Una clausola addizionale stabilisce che il 50% dei profitti netti della Sirip andrà allo Stato iraniano, e l'altro 50% verrà diviso fra l'Agip mineraria del gruppo Ente Nazionale Idrocarburi (ENI) e la National Iranian Oil Company (Nioc). Risultato, per la prima volta un paese produttore riesce a percepire utili di circa il 75%, oltre dunque la formula già di per sé "rivoluzionaria" del fifty-fifty, e viene inoltre coinvolto attivamente nel processo produttivo. Questo particolare tipo di accordo è passato poi alla storia come formula Mattei (Enrico Mattei ex presidente dell'ENI).

1958, maggio: Firma a Teheran dell'accordo tra il governo iraniano e la Società petrolifera americana "***Pan American Petroleum Corporation***", per la concessione dello sfruttamento di alcuni campi petroliferi iraniani nel Golfo Persico e nelle regioni meridionali.

1962: Lo scià *Mohammad Reza Pahlavi* finalmente realizza la riforma agraria, che la maggioranza degli iraniani attendevano da decenni. Viene approvata dal Parlamento una legge che obbliga i grandi latifondisti a dividere e vendere i loro terreni ai contadini. Parallela a questa riforma, realizzata con il pugno di ferro in tutto il Paese, non vengono create le cooperative agricole, necessarie a sostituire i proprietari terrieri. Di conseguenza la mancanza di mezzi di lavoro e di finanziamenti, precedentemente forniti dai proprietari, causa l'impoverimento della maggior parte dei contadini e il calo della produzione agricola iraniana.

1962: Nel mese di gennaio si organizza il congresso costituente della **Confederazione degli Studenti Iraniani – Unione Nazionale (CSIUN)**, tra le federazioni degli studenti iraniani in Inghilterra, Germania federale, Francia, già in attività dall'aprile 1960, e Stati Uniti, con sede a Karlsruhe nella Germania Federale. In seguito aderiscono alla Confederazione le federazioni di studenti iraniani costituite in Austria, Italia (con sede a Firenze), Svezia, Olanda, Turchia, Canada e India. Per due decenni, negli anni '60 e '70, la Confederazione è il luogo di confronto, unità e lotta politica degli studenti iraniani al regime dittatoriale dello Scià di Persia. Infatti, in questi anni, la metà della popolazione universitaria iraniana frequenta le Università straniere. Il movimento studentesco iraniano (CSIUN) contribuisce a politicizzare e a incentivare i movimenti studenteschi nelle Università europee e americane. Nel 1971 il governo iraniano dichiara fuori legge la Confederazione. Nel Congresso della CSIUN del 1975 termina questa importante fase di unità tra tutti i componenti dell'opposizione iraniana. L'organizzazione si scinde in diversi tronconi: i simpatizzanti dei Maoisti pro guerriglia, i nazionalisti democratici del Fronte Nazionale fondato da *Mossadeq*, i simpatizzanti del Partito Comunista Iraniano *Tudeh* e gli islamici seguaci dell'*Ayatollah Khomeini*. Probabilmente a causare questa dannosa scissione è la debolezza delle forze laiche e democratiche, nella delicata fase di passaggio del potere dalla Monarchia alla Repubblica.

1963: 27 gennaio (6 Bahman 1341): in Iran si svolge un Referendum plebiscitario per approvare i sei punti del programma delle riforme dello Scià, chiamato "**la rivoluzione bianca**" o la rivoluzione del Re e della nazione. Ecco i sei punti delle riforme: **Riforma agraria**; nazionalizzazione delle foreste e dei pascoli; trasformazione delle aziende statali in società per azioni per finanziare la riforma agraria; partecipazione degli operai agli utili delle aziende; riforma della legge elettorale e **concessione del diritto di voto alle donne**; **creazione di un "*Esercito del Sapere*"**, composto da coscritti diplomati, che svolgono un servizio civile diffondendo l'insegnamento nei villaggi dove mancano le scuole. Il plebiscito si risolve, come facilmente prevedibile, con il "**Sì**" a tutte le riforme.

1963: 5 giugno (15 Khordad 1341): a Teheran, studenti e intellettuali chiedono libere elezioni e il rispetto dei diritti costituzionali dei cittadini, unendosi ai religiosi, ai mercanti dei bazar e agli abitanti poveri delle periferie meridionali della Metropoli. Risponde positivamente all'appello-comunicato, *elamieh*, l'**ayatollah Ruollah Khomeini,** all'epoca residente nella città di **Qum**, sede del clero sciita. Nasce così uno sciopero generale e seguono grandi manifestazioni contro il regime, che l'esercito dello Scià reprime brutalmente. I numerosi manifestanti uccisi vengono seppelliti nelle fosse comuni, in un cimitero improvvisato. A distanza di pochi chilometri dal cimitero di Teheran, in un lotto di terreno con alte mura di cinta, nel pendio della collina *Kuh-e Bibi Shahrbano*, sul bordo della Strada di Mashhad, vengono gettati tanti corpi colpiti dai proiettili dei soldati del regime. I manifestanti della rivolta popolare del 5 giugno vengono definiti dallo Scià, i "**reazionari di destra e di sinistra**" che agiscono contro le riforme della "Rivoluzione Bianca".

1964: Lo Scià, a causa della sua attività politica, esilia l'*ayatollah Khomeini*, che si reca prima in Turchia e poi in Iraq.

1965, 26 gennaio: Il Primo Ministro **Hassan-Ali Mansur** viene assassinato da **Bokharai**, un giovane militante del movimento fondamentalista sciita "**Fadayian Islam**", davanti all'ingresso del Parlamento. Viene rimpiazzato dal suo collega di Partito ("*Iran nuovin*") e di gabinetto, Ministro della Finanza **Amir Abbas Hoveyda**, che resterà al potere per tredici anni.

1970, ottobre: Inaugurazione del gasdotto che trasporta il Gas iraniano verso l'Unione Sovietica.

1971, settembre: a Persepoli lo scià festeggia i 2.500 anni della monarchia iraniana, con capi di Stato provenienti da tutto il mondo.

1973: La Repubblica e le invasioni - *Mohammed Davud Khan* da' vita alla prima Repubblica afgana, ma il suo governo non dura molto.

1975, marzo: tutti i partiti politici ammessi in Iran vengono sciolti e aderiscono al Partito unico *Rastakhiz*, (risveglio e rivolta).

1976: lo scià annuncia ufficialmente un "calendario persiano" che inizia con Ciro il Grande. Sommosse popolari in tutto il paese, guidate dal clero, costringono lo scià a ripristinare il calendario islamico.

1977, 6 agosto: Il Primo Ministro iraniano *Hoveyda*, dopo 13 anni di ininterrotto governo, si dimette. Viene rimpiazzato da *Jamshid Amouzegar*, un Ministro del suo governo.

1978: Il Partito Democratico Popolare dell'Afghanistan (PDPA), d'ispirazione marxista-leninista, rovescia il governo di *Mohammed Davud Khan* il 27 aprile 1978, con un colpo di stato, la cosiddetta Rivoluzione d'aprile, dando vita alla Repubblica Democratica dell'Afghanistan, governata dal leader del partito, **Nur Mohammad Taraki**. Costui avvia nel paese una serie di riforme in senso socialista, tra le quali la riforma agraria e la laicizzazione forzata della società afgana, con l'obbligo ad esempio per gli uomini di radersi la barba, mentre per le donne viene riconosciuto il diritto di voto e di istruzione obbligatoria; viene imposto il divieto di indossare il burqa e di essere oggetto di scambio economico nei matrimoni combinati. Queste riforme si scontrano fortemente con le autorità religiose locali e tribali, che si oppongono alle politiche di Taraki.

1978, 18 febbraio: grandi manifestazioni popolari contro il governo dello scià di Persia a Tabriz, Qum e Mashhad, represse brutalmente in sangue.

1978, 17 marzo: inizio dello sciopero degli studenti in tutte le Università iraniane. Chiusura del Bazar.

1978, 22 luglio: forte manifestazione e sommossa antigovernativa a Mashhad.

1978: le agitazioni sono più violente che mai, soprattutto contro il brutale governo del re e la **SAVAK.**

1978, 5 agosto: lo **scià di Persia** annuncia tardivamente "**elezioni aperte a tutti i partiti**" per la primavera del 1979, ma non convince nessuno. La promessa del ripristino del basilare diritto costituzionale, da parte di chi l'ha negato per decenni, non viene creduta.

1978, 10–12 agosto: forte manifestazione antigovernativa a Isfahan. Proclamazione della legge marziale in quella città.

1978, 19 agosto: incendio doloso del cinema Rex di Abadan con 477 morti. In seguito, un Tribunale della Repubblica Islamica dell'Iran condanna alcuni agenti e dirigenti della SAVAK per questo delitto.

1978, 27 agosto: Il Primo Ministro **Amuzgar** si dimette, ed è rimpiazzato dall'ex Primo Ministro e Presidente del Senato **Jaffar – Sharif Emami**. Il nuovo Premier, allo scopo di soddisfare il clero sciita, rimette in vigore il precedente calendario islamico e fa chiudere i casinò e le case da gioco.

1978, venerdì 8 settembre: forte manifestazione a Teheran. Un pacifico sit-in dei manifestanti in Piazza **Jalè,** nelle vicinanze del Parlamento iraniano, è represso nel sangue. In questa giornata, contro i manifestanti, vengono impiegati gli elicotteri americani Cobra. Cifra ufficiale delle vittime: 85 morti e 200 feriti, ma in realtà i morti e i feriti sono più numerosi. Questo giorno verrà ricordato come il "venerdì nero".

1978, 20 settembre: l'ayatollah **Khomeini** viene dichiarato indesiderabile nell'Iraq di **Saddam Hussein,** dove vive in esilio. Alcuni ex dirigenti della Confederazione Mondiale degli Studenti Iraniani residenti in Francia, come **Abol-Hassan – Bani-Sadr** e **Sadeq Qotbzadeh,** si adoperano per farlo stabilire a Neauphle-le-Château, assieme alla sua famiglia e alla cerchia dei suoi fedeli.

1978, 31 dicembre: lo scià chiede all'avvocato **Shapur Bakhtiar**, uno dei leader del Fronte Nazionale dell'Iran e dell'opposizione democratica del paese, di costituire un nuovo governo.

1979, 3 gennaio: Shapur Bakhtiar ottiene l'investitura da parte del Parlamento e del Senato iraniano; tre giorni dopo presenta allo scià i membri del suo governo. La formazione di un governo sotto la guida di una personalità democratica dell'opposizione, con esperienza di carcere e di tortura sotto il regime, potrebbe avere un effetto per la pacificazione nazionale, ma è tardiva e inutile. Lo scià ha perso ogni credibilità per la maggioranza dei cittadini iraniani. Il governo di **Bakhtiar** non riesce a far cessare lo sciopero generale e la costante protesta della popolazione. Di qui a pochi giorni, prima lo scià e poi i membri del suo nuovo governo, abbandonano il paese.

1979, 11 gennaio: Cyrus Vance, segretario di Stato americano dell'Amministrazione **Carter**, annuncia la partenza dello scià "per alcune settimane di vacanza".

1979: il 16 gennaio **Mohammad-Reza Pahlavi** fugge dall'Iran. In quel gelido pomeriggio invernale, mentre pronuncia il suo ultimo discorso in Iran, a pochi cortigiani presenti all'aeroporto di **Mehrabad,** dopo 37 anni di regno e con gli occhi pieni di lacrime, dall'altra parte di Teheran i cittadini festeggiano suonando i clacson. È la fine della dinastia dei **Pahlavi.**

1979, 19 gennaio: A Teheran e nelle altre città iraniane si svolgono manifestazioni a favore del ritorno dell'ayatollah **Khomeini.** Alcuni manifestanti reclamano una "repubblica islamica".

1979, 22 gennaio: il generale **Abbas Gharabaghi (Qarabaqî),** capo di stato maggiore delle forze armate iraniane, dichiara: "**È escluso che i militari facciano un colpo di Stato**".

1979, 1 febbraio: Ritorno da Parigi a Teheran dell'ayatollah **Khomeini** con il suo seguito. La manifestazione popolare per l'occasione è immensa. **Khomeini** va direttamente dall'aeroporto di **Mehrabad** al cimitero dei martiri delle manifestazioni **Behsht-e-Zahra,** nell'estremo sud della metropoli di Teheran. La sua macchina, a fatica, apre un varco tra la folla. Nel cimitero tiene il suo primo discorso, trasmesso in diretta dalla radio-televisione iraniana.

1979, 5 febbraio: l'ayatollah **Khomeini** nomina Primo Ministro l'ingegner **Mehdi Bazargan,** esponente religioso dell'opposizione ed ex direttore delle raffinerie di Abadan. Il paese ha due governi, uno nominato dallo scià e l'altro da **Khomeini.**

1979, 11 febbraio: il generale **Gharabaghi,** capo del Consiglio superiore delle forze armate, dichiara la neutralità dell'esercito nella lotta tra i due governi. **Mehdi Bazargan** diventa il Primo Ministro a tutti gli effetti. A **Shapour Bakhtiar** non resta altro che la clandestinità e l'esilio a Parigi.

1979, 30 marzo: Si svolge il **referendum del 30 marzo** con questo quesito: "**Repubblica Islamica: Sì o No**". **Il 98 per cento dei** partecipanti vota "Sì".

1979, 1 aprile: l'ayatollah *Ruollah Mousavi Khomeini* dichiara la "**Repubblica Islamica dell'Iran**" e assume il ruolo di "*Valy-e-Faqih*" in arabo ("*tutore giuridico*") e "*Rahbar-e-Mo'azam*" in persiano ("**Guida Suprema**").

1979, 14 settembre: Il Presidente afgano **Taraki** viene assassinato su ordine del suo vice, primo ministro *Hafizullah Amin*, il quale lo sostituisce alla guida del paese. L'URSS non si fida di Amin, sospettato di legami con la CIA, e decide di invadere il Paese, anche a seguito di un aumento delle rivolte e del conseguente rischio di destabilizzazione della zona.

1979, 24 ottobre: la Costituzione iraniana, approvata dalla Costituente, viene convalidata dal Referendum del 24 ottobre. Entra in vigore il 3 dicembre 1979, sostituendo la Costituzione del 1906. Verrà emendata il 28 luglio 1989. La nuova costituzione viene definita un "ibrido" tra gli elementi di "autoritarismo teocratico e democratico". Gli articoli 1 e 2 danno la sovranità a Dio, l'articolo 6 stabilisce che il Presidente della Repubblica e i parlamentari vengano eletti a suffragio universale. Tutte le procedure democratiche e i diritti dei cittadini sono subordinati alle decisioni del Consiglio dei Guardiani e alla Guida Suprema, descritta nel capitolo ottavo (articoli 107–112). La Guida Suprema in politica è considerata una figura con pieni poteri e ha il totale controllo su tutti i mezzi di comunicazione.

1979, 4 novembre: gli studenti occupano l'ambasciata americana a Teheran e prendono ostaggi 66 funzionari. Temendo un secondo colpo di Stato, con cui gli americani potrebbero rimettere sul trono il re, gli studenti chiedono l'estradizione dello scià. La detenzione degli ostaggi durerà 444 giorni.

1979, 27 dicembre: L'Armata rossa entra a Kabul il 27 dicembre 1979 e mette al potere **Babrak Karmal**. La guerra con i *Mujaheddin*, finanziati anche dagli Stati Uniti, è lunga e cruenta, e termina con l'abbandono del paese da parte dei sovietici il 15 febbraio 1989.

1980, 4 febbraio: ***Abolhassan Banisadr*** (Hamadan, 22 marzo 1933), ex militante e dirigente della Confederazione degli Studenti Iraniani (Unione Nazionale), diviene il primo presidente della Repubblica Islamica dell'Iran. Diciassette mesi dopo, il 22 giugno 1981, è deposto e costretto a fuggire in Francia.

1980, 22 settembre: ***Saddam Hussein*** attacca l'Iran: la guerra dura otto anni.

1981, 20 gennaio: i 66 ostaggi americani, addetti dell'ambasciata americana a Teheran, sequestrati da alcuni studenti durante la presidenza del democratico ***Jimmy Carter,*** nel primo giorno della presidenza del repubblicano ***Ronald Reagan***, dopo 444 giorni, vengono liberati. Il governo degli Stati Uniti d'America, per ottenere la loro liberazione, accetta di restituire al governo iraniano i fondi depositati durante il governo dello scià nelle banche americane, e autorizza la vendita di alcuni pezzi di ricambio e di equipaggiamenti militari all'Iran.

1981, giugno: l'ayatollah ***Seyyed Ali Khamenei*** (Mashhad, 15 luglio 1939), ex allievo e stretto collaboratore dell'ayatollah ***Khomeini,*** è eletto presidente della Repubblica Islamica dell'Iran e resta in carica fino al 2 agosto 1989.

1983: L'Iraq bombarda obiettivi civili in Iran, in particolare a Teheran, prima con gli aerei, poi con i missili.

1989, 15 febbraio: In seguito agli accordi di Ginevra del 14 aprile 1988 tra Afghanistan, Pakistan, U.R.S.S. e Usa, il ritiro dell'esercito sovietico è stato completato entro la scadenza stabilita: il 15 febbraio 1989 il generale Boris Gromov, ultimo comandante della 40ª Armata, ha attraversato simbolicamente il ponte sull'Amu Darya come "ultimo soldato sovietico", ponendo fine al coinvolgimento dell'URSS in Afghanistan.

1989, 3 giugno: a Teheran muore la Guida Suprema, l'ayatollah ***Ruollah Mousavi Khomeini.***

1989, 4 giugno: Il Consiglio degli esperti elegge, come Guida Suprema, il Presidente della Repubblica, l'ayatollah ***Seyyed Ali Khamenei***.

1989, 3 agosto: ***Ali-Akbar Hashemi Rafsangiani,*** ex allievo e stretto collaboratore dell'ayatollah ***Khomeini*** e alto esponente (***Hojat al-Islam***) del clero sciita, è eletto Presidente della Repubblica Islamica dell'Iran. Resta in carica fino al 2 agosto 1997.

1990: in agosto ***Saddam Hussein*** occupa il Kuwait, dando inizio alla prima guerra del Golfo, che termina nel 1991 con la vittoria degli americani.

1992: le sommosse provocate dalla carestia scuotono una serie di città iraniane.

1992: La Repubblica Islamica dell'Afghanistan viene proclamata il 17 aprile 1992. Il fronte dei *Mujaheddin* si dimostra molto frammentato e disunito, e ciò consente la caduta del governo.

1996: Dal 1996 al 2001 detiene il potere la fazione dei *talebani* (studenti di teologia islamica), salvo che in alcuni territori settentrionali controllati dall'Alleanza del Nord dei restanti *Mujaheddin* anti-talebani, guidati dal comandante **Ahmad Shah Massoud**. I Talebani applicano al paese una versione estrema della *sharia* (sciaria, le leggi islamiche) e ogni deviazione dalla loro legge viene punita con estrema ferocia. Emblematica è la cattura dell'ultimo presidente della repubblica democratica afgana **Mohammad Najibullah**: viene prelevato dal palazzo delle Nazioni Unite dove si era rifugiato e viene torturato, mutilato e trascinato con una jeep, prima di essere giustiziato con un colpo alla testa ed esposto nei pressi del palazzo dell'Onu. Altro episodio che ha fatto clamore è stata la distruzione dei **Buddha** di **Bamian** nel 2001.

1997, 23 maggio (2 khordad 1376): viene eletto Presidente della Repubblica Islamica dell'Iran il democratico e riformista **Seyyed Mohammad Khatami** (*Ardekan*, 29 settembre 1943), alto esponente del clero sciita. Viene poi rieletto nel 2001 e resta in carica fino al giugno 2005. L'Iran, durante la presidenza di Khatami, conosce una straordinaria fioritura culturale, che si esprime in un profondo, generale rinnovamento della letteratura persiana e in una produzione cinematografica che ottiene vasti riconoscimenti internazionali. La maggior parte delle riforme democratiche varate dal governo e dal Parlamento vengono bocciate dal Consiglio dei Guardiani.

2001, 7 ottobre: Dopo l'attentato terroristico dell'11 settembre 2001, gli Stati Uniti, appoggiati dall'ONU, decidono di invadere l'Afghanistan, dando il via all'operazione **Enduring Freedom** (Libertà Duratura), che si pone come obiettivo la fine del regime dei talebani e la distruzione dei campi di addestramento e della rete di **Al-Qaida**, il gruppo terroristico guidato dal cittadino dell'Arabia Saudita *Osama bin Laden*. Vista la sproporzione di forze, il regime integralista viene rovesciato in poco più di un mese.

2001, novembre: si insedia al potere *Hamid Karzai*, tuttora capo di stato dell'Afghanistan. Il paese rimane tuttavia ancora sotto occupazione dei contingenti NATO, a causa dell'instabilità politica e dei numerosi attentati terroristici dei *Talebani*, radicati ancora nel sud-est del paese, al confine con il Pakistan.

2002: Il Presidente americano George Bush accusa Iran, Iraq e Corea del Nord di aver dato vita a un "asse del male".

2003, 10 dicembre: Shirin 'Ebādi, (Hamadan, 21 giugno 1947), è una avvocatessa iraniana, difensore dei diritti civili e pacifista; il 10 dicembre 2003 le viene conferito **il Premio Nobel per la pace**. È la prima iraniana, e la prima donna musulmana, a ottenere questo riconoscimento. Durante la presidenza di Khatami, nel paese è cresciuto un vasto movimento per i diritti civili, che ha trovato la sua massima espressione nella figura di Shirin.

2004, 4 gennaio: A Kabul la "Grande Assemblea" delle tribù (la *Loya Jirga*) approva il testo della nuova **Costituzione della Repubblica Islamica dell'Afghanistan,** composta da 162 articoli. I 502 delegati dell'Assemblea (presieduta da *Mujadedi* e riunita dal 14 dicembre 2003), approvando quasi all'unanimità la nuova Carta costituzionale, hanno formalmente aperto la strada alle prime elezioni democratiche dopo la caduta del regime talebano. Si conclude in tal modo la transizione costituzionale, prevista il 5 dicembre 2001 dagli accordi di Bonn, che delegavano a tre organi (la Drafting Commission, la Constitutional Commission e la Constitutional *Loya Jirga*) il compito di redigere, modificare ed approvare la nuova Carta costituzionale. Viene così introdotta la nuova Costituzione, che avrà quale ambizioso obiettivo quello di guidare il Paese durante la transizione democratica, dopo anni di guerre civili e cinque anni di regime dei Talebani. Il primo articolo garantisce l'integrità territoriale dell'Afghanistan. Il secondo stabilisce che "la religione di Stato è la sacra religione dell'Islam", e nel secondo comma viene garantita la libertà delle altre religioni, ma, come ribadisce la disposizione, "nei limiti previsti dalla legge". Il terzo recita che "nessuna legge può essere contraria all'Islam". Il settimo articolo contiene due importanti principi: il rispetto della carta dell'ONU e la Dichiarazione Universale dei Diritti dell'Uomo. Inoltre si stabilisce che lo Stato previene ogni tipo di attività terroristica, di coltivazione e spaccio di sostanze stupefacenti, e di produzione e consumo di sostanze inebrianti. Rispetto ai diritti civili, qualche novità si riscontra soprattutto in relazione alla condizione femminile: infatti le circa cento donne presenti nella *Loya Jirga* sono riuscite ad ottenere il riconoscimento del principio di uguaglianza "senza distinzione tra i sessi". Il sedicesimo articolo stabilisce che "le lingue ufficiali saranno il *dari* (ovvero "*farsi*" parlato dai tagiki) ed il *pashtu* (parlato dai *pashtun*), ma riconosce che le lingue delle altre minoranze etniche siano considerate ufficiali nelle aree in cui sono usate. La nuova Costituzione afgana, nel complesso, in questa parte del mondo, può essere considerata un passo in avanti.

2005, 3 agosto: Viene eletto Presidente della Repubblica Islamica dell'Iran **Mahmud Ahmadinejad,** un esponente conservatore.

2008, 1 febbraio: L'Iran festeggia il trentesimo anniversario della rivoluzione.

2009, 12 giugno: Si svolgono le elezioni presidenziali in Iran. La vittoria del presidente **Mahmud Ahmadinejad** è contestata per i brogli elettorali denunciati dai candidati delle opposizioni: **Mir-Hossein Mousavi,** ex Primo ministro e **Mehdi Karrubi,** ex Presidente del Parlamento e alto esponente del clero sciita, non riconoscono i risultati ufficiali del suffragio. Il 13 giugno 2009, milioni di cittadini partecipano alle oceaniche manifestazioni in tutte le città iraniane a sostegno di **Mussavi e Karrubi,** e per denunciare i brogli elettorali. Si forma così il "Movimento verde", e ne consegue un periodo di proteste popolari. **In Iran, la richiesta di libere e democratiche elezioni resta il punto principale di convergenza tra tutte le forze politiche e sociali del Paese.**

2013, 14 giugno: Elezioni presidenziali in Iran, vince Hassan Rohani, sessantacinque anni, membro del clero sciita ed alto esponente moderato del governo iraniano con 18.613.329 preferenze, raggiungendo il 50,71 percento dei voti. Al secondo posto tra sei candidati ammessi arriva Mohammad Baqer Qalibaf, all'epoca capo negoziatore iraniano sul nucleare ed esponente conservatore con 6.077.292 preferenze, e il 16,55 percento dei voti.

L'affluenza registrata è stata del 75 per cento sul totale di 50,5 milioni di aventi diritto al voto. La totale popolazione iraniana secondo il censimento del 2011 era di 75.149.669 di abitanti.

Rohani per 16 anni è stato segretario del Consiglio supremo per la sicurezza nazionale, il moderato Rohani è vicino all'ex presidente Rafsanjani e rappresentava il leader della

Rivoluzione islamica Ayatollah Seyyed Ali Khamenei nel Consiglio nazionale supremo della sicurezza. Nel 2003 fu nominato capo negoziatore sul nucleare.

Durante la campagna elettorale "Ragione e speranza" erano lo slogan di Hassan Rohani, il candidato che tra altri cinque concorrenti, contro tutte le aspettative, ha vinto al primo turno e sostituirà Mahmud Ahmadinejad alla presidenza della Repubblica islamica dell'Iran.

Rohani sceglierà il dialogo. È per questo che gli iraniani l'hanno eletto. L'unità che ha saputo creare intorno a sé è una condizione necessaria per il successo della politica estera iraniana. Il dialogo con le potenze straniere nel rispetto delle leggi internazionali e dei diritti sanciti dalla carta delle Nazioni Unite di un Paese indipendente, che andrà a rappresentare per quattro anni, è una necessità nazionale. Ed è una priorità per arginare i danni causati dagli embarghi e dalle sanzioni decise dal Consiglio di Sicurezza dell'ONU, dagli Stati Uniti d'America e dall'Unione Europea all'economia iraniana a causa del programma nucleare di questo Paese.

2014, 5 aprile: Le elezioni presidenziali del 2014 in Afghanistan si sono tenute il 5 aprile (primo turno) e il 14 giugno (secondo turno). Il Presidente uscente Hamid Karzai non si è potuto ricandidare in quanto aveva esaurito due mandati consecutivi.

Il presidente Karzai è il primo capo dello Stato afgano che nella lunga storia di questo Paese è stato eletto democraticamente, grazie ai voti di preferenza. E dopo aver vinto due turni delle presidenziali e tredici anni di governo, cede il suo posto ad un presidente (coalizione indipendente) liberamente eletto. L'eredità positiva del suo periodo d'amministrazione è la nuova Costituzione afgana e con molte difficoltà e limiti l'organizzazione di uno Stato democratico e moderno. Invece, l'eredita negativa del suo periodo di governo è la diffusione della corruzione negli uffici governativi, la mancanza della legalità e la sicurezza in alcune aree rurali del territorio nazionale e il non sufficiente sviluppo economico ed industriale del Paese.

2014, 14 giugno: È il giorno del ballottaggio per le presidenziali afgane tra Abdullah Abdullah e Ashraf Ghani Ahmadzai. In quel sabato, sono stati sferrati 150 attentati con bombe a razzi, causando almeno 106 morti. Inoltre, i talebani afghani, hanno amputato le dita di almeno undici elettori nella provincia occidentale di Herat per aver sfidato il divieto da loro imposto di recarsi alle urne.

Dalle prime indicazioni, risulterebbe che Ashraf Ghani Ahmadzai candidato indipendente con 4.485.888 (56,44%) dei voti è il vincitore delle elezioni. E Abdullah Abdullah candidato di Coalizione Nazionale d'Afghanistan con 3.461.639 (43,56%) dei voti è il secondo.

Dopo molti giorni di conteggio delle schede elettorali ed attesa, Ashraf Ghani Ahmadzai è dichiarato vincitore al secondo turno ed è il nuovo Presidente della Repubblica Islamica dell'Afghanistan.

L'ex ministro delle Finanze afghano Ashraf Ghani Ahmadzai avrebbe vinto il ballottaggio presidenziale in Afghanistan. Lo ha annunciato la Commissione elettorale indipendente (Iec) sulla base di risultati preliminari non ufficiali.

Annunciando il risultato dello scrutinio del ballottaggio del 14 giugno scorso, il presidente della Commissione elettorale indipendente (Iec), Ahmad Yousuf Nuristani, ha avvertito che "quello annunciato non è il risultato definitivo, ma solo preliminare. C'è una possibilità di cambiamento in tutti i dati". Infatti, sulla base di oltre 8 milioni di votanti, per la "IEC" Ghani ha ricevuto quasi 4 milioni e mezzo di voti, contro i 3 milioni e mezzo di Abdullah; una differenza determinante, quindi, di oltre un milione di suffragi. La popolazione afgana nel 2013 è stata stimata di 25.500.100 abitanti.

Risultati che però la Commissione elettorale ammette potrebbero essere sbagliati: "Ci sono stati alcuni errori tecnici nel processo", ha confermato Nuristani. "Non possiamo negare che ci siano stati brogli che coinvolgono entrambe le parti politiche". Il presidente della IEC ha poi ricordato che Abdullah nei giorni scorsi aveva avvertito che non avrebbe riconosciuto questi risultati, ed entrambi gli schieramenti hanno tenuto una serie di contatti con la mediazione dell'Onu chiedendo una nuova verifica dei voti in migliaia di seggi. Il successore del presidente Hamid Karzai avrebbe dovuto essere annunciato, dopo queste verifiche a partire dal 22 luglio.

Abdullah ha denunciato brogli e preteso un riconteggio dei voti, iniziato ma inseguito sospeso a causa della mancanza di accordo tra le due squadre sulle modalità di svolgimento, lasciando il Paese in un grave stallo politico.

Il portavoce della squadra di Abdullah alle presidenziali afghana, Mujib Rahman Rahimi, ha fra l'altro detto a Tolo Tv di avere dubbi sulla possibilità che così tante persone abbiano votato al ballottaggio: "Ci attendevamo sette milioni di votanti, ma otto milioni come è stato comunicato è veramente esagerato".

2014, 21 settembre: In seguito alle trattative patrocinate dalle Nazioni unite e dagli Stati Uniti d'America, i due candidati al secondo turno delle presidenziali afgane Ashraf Ghani Ahmadzai e Abdullah Abdullah hanno firmato un accordo per la formazione di un Governo d'Unità Nazionale concordato in sette punti L'incontro finale è avvenuto nel palazzo presidenziale di Kabul. Alla cerimonia della firma dell'accordo erano presenti il presidente uscente Hamid Karzai, il rappresentante dell'Organizzazione delle Nazioni Unite (ONU) e l'ambasciatore degli Stati Uniti d'America in Afghanistan che a loro volta sottoscrissero questo accordo.

Al primo punto dell'accordo è stato concordato che gli uomini di governo e i dirigenti statali dovranno essere nominati sulla base della "meritocrazia" e in modo condiviso ed "paritario" tra le due squadre dei candidati presidenziali del secondo turno. Probabilmente, questo capitolo sarà la parte più difficile dell'accordo da realizzare.

Al secondo punto dell'accordo è stato stabilito che il presidente della Repubblica subito dopo l'investitura, provvederà a costituire una commissione per la revisione della Costituzione.

Al terzo punto è stata concordata la riforma della legge elettorale e la distribuzione delle carte d'identità elettroniche a tutti i cittadini, per rendere più facile, sicuro ed immediato il risultato delle elezioni.

Al quarto punto è stato concordato che si dovrà stabilire un crono programma per la realizzazione del presente accordo.

Al quinto punto è stata concordata la questione più delicata e complessa di questo accordo. È stato previsto un nuovo incarico nell'ambito del Governo di Unità Nazionale guidato da un "capo esecutivo", 'Chief Executive', che sarà designato dall'Abdullah Abdullah. "Il capo esecutivo" parteciperà alle sedute del Consiglio dei Ministri ed avrà la direzione esecutiva del governo. L'ufficio del capo esecutivo avrà il suo personale ed il suo autonomo portafoglio.

Al sesto punto è stato deciso che il capo esecutivo sarà il presidente del Consiglio dei Ministri ed è un organo diverso dal gabinetto presieduto dal presidente della repubblica, ed inoltre, presiederà anche i vari comitati del gabinetto.

Al settimo punto è stato deciso che il presidente della Repubblica presiederà il gabinetto formato dal presidente della repubblica e dai suoi vice presidenti, il cancelliere e i suoi vice cancellieri, il consigliere speciale del presidente della repubblica e i ministri.

Il presidente Ashraf Ghani è l'uomo che dovrà rispondere alla controffensiva dei talebani per evitare che il paese finisca di nuovo nelle mani degli estremisti. Una maratona diplomatica di 48 ore ha permesso al segretario di Stato americano John Kerry di raggiungere un accordo fra i due candidati in conflitto, Ashraf Ghani e Abdullah Abdullah. L'elezione del nuovo presidente dell'Afghanistan ha risolto anche il problema della firma del trattato sulla sicurezza fra Washington e Kabul, e quindi fra l'Afghanistan e la Nato, quello che l'ex presidente afghano Hamid Karzai non accettò di sottoscrivere nel novembre del 2013. Karzai, i cui rapporti con l'occidente si erano piuttosto logorati negli ultimi anni, riteneva che l'accordo avrebbe minato la possibilità di una pace con i talebani. L'accordo è però stato firmato dal nuovo presidente Ashraf Ghani.

Si tratta di un accordo che consentirà alle truppe Nato, in gran parte americane, di restare in Afghanistan per altri dieci anni. Il loro compito sarà di addestrare l'ancora inefficiente esercito locale e soprattutto di impedire qualsiasi colpo di coda da parte dei talebani. E` un elemento essenziale per consentire alla transizione democratica in corso di non essere spazzata via dagli estremisti islamici. 9800 soldati americani saranno d'istanza nella gigantesca base di Baghram, a 60 chilometri da Kabul. Saranno affiancati da 4-5.000 militari degli altri paesi dell'Alleanza. L'Italia ne lascerà qualche centinaio, il numero definitivo non è ancora stato stabilito.

La guerra in atto e la diffusa corruzione impediscono uno sviluppo dell'economia a parte nei settori illegali della coltivazione e del contrabbando del papavero da oppio. In sostanza, l'economia del Paese dipende dagli aiuti internazionali. Infatti, nel 2012 a Tokyo, si è riunita la conferenza dei Paesi donatori, che hanno promesso di versare altri sedici miliardi di dollari al governo afgano per evitare il suo collasso finanziario.

In Afghanistan vi sono giacimenti di carbone, rame, petrolio, Gas naturale, smeraldi ed imponenti giacimenti di terre rare, ancora non sfruttati. I pochi stabilimenti industriali spesso sono stati distrutti dalla guerra. Invece, sono fiorenti le attività artigianali della produzione di tappeti tribali e di villaggio. Sono considerevoli anche le coltivazioni dei cereali, mais, riso, alberi da frutta, selvicoltura da legname e la pastorizia.

2014, 24 novembre: A Vienna, le trattative tra l'Iran e le super potenze mondiali, i 5 Paesi membri permanenti dell'ONU (Russia, USA, Regno Unito, Francia e Cina) + 1 (Germania) non sono riusciti a mettere la parola fine a dodici anni di tensione sul nucleare iraniano. Però, il dialogo resterà aperto per altri sette mesi fino al 24 giugno 2015. L'Iran e i suoi interlocutori non sono riusciti a sciogliere i due nodi cruciali: la soglia dell'arricchimento dell'uranio da parte dell'industria nucleare iraniana e l'annullamento delle sanzioni commerciali e bancarie decise nei confronti di questo Paese da parte dell'ONU, degl'USA e dell'Unione Europea. Durante quest'ulteriore periodo di trattative, l'Iran mensilmente avrà l'accesso a 700.000 dollari dei suoi quasi cento miliardi di dollari sequestrati negli istituti bancari stranieri. L'Iran continua a reperire il suo indispensabile fa bisogno a prezzi più cari sui mercati russo, cinese e quello degli emirati arabi della costa meridionale del Golfo Persico. Il Paese soffre l'imposizione di questi embarghi.

L'accordo transitorio del 24 novembre 2013 ha aperto la strada ai negoziati, in base ai quali non s'installeranno nuove centrifughe, e ha rallentato il programma nucleare iraniano. Inoltre, ha reso meno soffocante la morsa delle sanzioni al popolo iraniano. L'ideale sarebbe di raggiungere ad un accordo rispettoso dei diritti degli iraniani all'uso pacifico del nucleare e rassicurare cosi la comunità internazionale. Il dialogo diretto tra gli Stati uniti d'America e le altre super potenze occidentali con il governo iraniano è indispensabile per il contenimento della pace nello scacchiere Mediorientale e per l'andamento dell'economia mondiale.

2014, 25 novembre: Il personale militare di assistenza del Regno Unito alle forze armate afgane ha lasciato il sud dell'Afghanistan, dopo aver completato il più impegnativo ridispiegamento delle operazioni militari per una generazione.

Oggi, a Kandahar nel campo d'aviazione, dove il personale della RAF ha operato dal 2001, nel raduno degli uomini e delle donne appartenenti alle forze armate britanniche la bandiera dell'Unione è stata abbassata.

Alla cerimonia hanno partecipato l'ambasciatore della Gran Bretagna in Afghanistan, Sir Richard Stagg, il comandante del contingente del Regno Unito, il generale Ben Bathurst, e il comandante delle forze armate britanniche in Afghanistan, generale di brigata James Stopford. Dal 2001 ad oggi, nell'Afghanistan, sono caduti 453 militari britannici (http://www.wired-gov.net/wg/news.nsf/articles/British+personnel+leave+southern+Afghanistan+25112014111543 27/11/2014).

2014, 27 novembre: a tale data risultano caduti 3.481 militari (alla fine del 2014 ha raggiunto la cifra di 3.485 morti) della coalizione in Afghanistan (tra questi 2.353 statunitensi, 453 britannici, 158 canadesi, 86 francesi, 54 tedeschi, 48 italiani e 34 spagnoli). Queste perdite si sono avute a seguito delle operazioni militari svolte dopo l'invasione americana del 2001: Enduring Freedom ("libertà duratura", acronimo OEF) è il nome in codice ufficialmente utilizzato dal governo degli Stati Uniti d'America per designare alcune operazioni militari lanciate in risposta agli attentati dell'undici settembre 2001; la International Security Assistance Force (ISAF) è una missione di supporto al governo dell'Afghanistan che opera sulla base di una risoluzione dell'ONU. Nel computo totale sono comprese le morti americane avvenute anche al di fuori dei confini afghani, come stabilito dal Dipartimento della Difesa, includendo quindi alcune perdite in Pakistan e Uzbekistan, e la morte di 12 membri della CIA.

In aggiunta a queste morti in Afghanistan, altri 31 soldati americani e uno canadese sono stati uccisi in altri paesi, mentre partecipavano in qualche modo alle operazioni in Afghanistan. Inoltre, 62 soldati spagnoli, di rientro dall'Afghanistan, sono morti in Turchia il 26 maggio 2003, a seguito dello schianto del loro aereo (Fonte: http://www.icasualties.org/OEF/index.aspx –27/11/2014).

Più difficile è invece contare il numero dei civili afgani caduti in questi undici anni anche se, secondo il Washington Post, le vittime dovrebbero essere circa ventimila. Diecimila sono invece gli agenti di sicurezza afgana che hanno perso la vita, mentre sono più di diciassettemila i soldati statunitensi rimasti feriti fino al 31 dicembre 2012. Entro il 2024 è previsto il ritiro delle truppe statunitensi dall'Afghanistan, ma la situazione nel Paese sembra tutt'altro che sotto controllo. Negli ultimi mesi si è assistito ad un aumento degli "Insider attack", vale a dire degli attacchi lanciati contro i soldati occidentali dagli insorti, riusciti ad infiltrarsi tra gli agenti afghani (Fonte: TODAY citynews, Giulia Sabella 01/10/2012, http://www.today.it/mondo/afghanistan-2mila-soldati-usa-morti-2001.html e il quotidiano La Repubblica 28/12/2014 http://www.repubblica.it/esteri/2014/12/28/news/afghanistan_si_chiude_la_missione-103875808/).

31/12/2014, © Hossein Fayaz.

Ringraziamenti

La mia profonda gratitudine va alle persone che hanno coadiuvato il mio lavoro in Italia per la pubblicazione di *Le ragazze afgane*:

Per il suo mirabile entusiasmo e per il lavoro di Editing del testo nelle prime due stesure, Claudia Galanti; per il costante aiuto nell'Editing del glossario e nella realizzazione della parte iniziale del libro, l'amico Roberto Matteoni; per la sua disponibilità, per i consigli e per la sua amicizia, l'eccellente fotografo e conoscitore dell'Iran, Prof. Ennio Vicario; per la disponibilità e l'aiuto nell'Editing delle parti comunicative del libro, l'amico e raffinato giornalista Giovanni Cioria.

Per il sapiente lavoro di Editing della terza e ultima stesura, e per i preziosi consigli, senza i quali la realizzazione del presente testo non sarebbe stata possibile, l'amico Nicola Dipenta.

Sono grato ai miei primi lettori e cari amici: fin dalle prime pagine Colomba Nini, Stefania Acacia Scarpetti, Urbana Pasquinelli e Giovanna Garbini, che hanno letto la mia prima stesura e mi hanno detto la verità: per questo vorrò loro bene per sempre; Anna Maria Bianchini e Silvio Di Giovanni per l'attenta lettura critica del manoscritto, le correzioni e i consigli importanti che mi hanno dato; Maria Gabriella Morganti, Luciana Polei, Natale Gabrielli, Roberto Rovelli, Daniele Arduini, Valeria Alberini e Luciano Baffioni Venturi per la lettura del testo e per i preziosi consigli.

Vorrei ringraziare il mio insegnante della Scuola di scrittura creativa Rablè, Claudio Castellani, per aver letto alcuni capitoli del testo allo stato embrionale e per avermi aiutato a migliorarlo; e con lui tutte le amiche e gli amici partecipanti ai corsi svolti presso la biblioteca comunale di Misano Adriatico, negli anni 2008, 2009, 2010 e 2011; tutti, direttamente o indirettamente, mi hanno stimolato a scrivere.

Vorrei ringraziare la traduttrice in lingua inglese di questo libro Katherine Margaret Clifton per l'importante impegno prestato e per i suoi preziosi consigli.

Un grazie di cuore alla traduttrice in lingua spagnola de "Le ragazze afgane" Patricia García González per l'impegno e il sapiente lavoro svolto.

Più di ogni altro, voglio ringraziare mia moglie, Wanda Vandi, per il sostegno costante che mi ha dato per portare a termine quest'opera e per avermi aiutato a migliorarla.

Infine ringrazio mia figlia Sarah e mio genero Massimo, per il continuo aiuto morale, materiale e per l'incoraggiamento a completare questo lavoro; e mio nipote Alessandro per avermi regalato tanti momenti di gioia assoluta.

Una conversazione con Hossein Fayaz

Per quale ragione ha scritto 'Le Ragazze afgane'?

Ho sempre adorato studiare i fattori umani e sociali. Nel mio Paese di origine, l'Iran, dopo secoli di immobilismo, dalla seconda metà del ventesimo secolo iniziano le migrazioni, soprattutto di giovani diplomati e laureati che vogliono specializzarsi, verso l'Europa occidentale e l'America del nord.

Io stesso sono un immigrato. Alla fine degli anni Sessanta sono venuto in Italia con un visto per gli studi universitari; in altre parole sono entrato in questo Paese dalla porta principale. Ma, per non pesare troppo sulla mia famiglia, durante le vacanze estive sono andato per quattro anni a lavorare in Germania e nella Svizzera di lingua tedesca. In questi due Paesi, nelle case dello studente e nelle fabbriche, ho vissuto tra gli studenti e i lavoratori, tedeschi e immigrati dall'Europa meridionale. A quell'epoca tra i colleghi avevo raramente qualche turco, iraniano o afgano. Per questi motivi conosco le problematiche di chi vive all'estero, i pensieri e i sentimenti di un immigrato, e le sue difficoltà ad affrontare il convivere quotidiano con la popolazione locale e i padroni di casa.

È ovvio che queste difficoltà sono ancora maggiori per un profugo, perché spesso non ha lasciato niente dietro di sé e non ha la possibilità di ricevere sostegno finanziario dai parenti; spesso poi per lui è impossibile tornare a casa.

All'inizio degli anni ottanta, dopo l'invasione sovietica e la resistenza popolare, questa sorte è toccata a milioni di afgani, costretti a fuggire dalle loro case e a trovare la pace e la protezione nei due Paesi musulmani confinanti: l'Iran e il Pakistan. Le province nord-occidentali afgane, fino alla metà del Settecento, facevano parte integrante del grande Khorassan, la regione dove io sono nato e cresciuto, e ho sempre seguito con vivo interesse le notizie di questo grande esodo. All'epoca ero un importatore di tappeti persiani in Italia. Durante un giro nella mia regione alla ricerca di tappeti tribali, in un campo allestito per i profughi afgani, ho avuto l'occasione di conoscere alcune tessitrici e le loro famiglie. Ho ascoltato la storia della loro fuga, le loro sofferenze e le loro vicende famigliari; ho percepito le loro ansie e i loro sentimenti; ho ascoltato le loro speranze e i loro progetti per il futuro. Abbiamo scambiato idee e informazioni. Non ho percepito alcuna differenza sostanziale tra loro e i miei compatrioti iraniani. Anzi, per quando riguarda le donne, al contrario dello stereotipo della figura femminile afgana che immaginavo, sono stato colpito dalla tenacia, dalle forte personalità e dalla creatività di alcune giovani che ho incontrato in questo viaggio. Ho ascoltato le loro storie e ho acquistato i loro tappeti, che ancora oggi fanno parte della mia collezione.

Io di solito scrivo articoli e saggi ma, a distanza di trent'anni da quell'incontro del maggio '81, ho percepito tutta l'attualità di quella storia; a ciò va aggiunto l'interesse che ho sempre nutrito per questo tema, ed ecco perché ho deciso di scrivere questo racconto e di narrare le storie delle 'ragazze afgane' del campo di *Dogharon*.

Perché mai la storia di Azar dovrebbe interessare a qualcuno?

La storia di Azar è interessante perché è la storia di tante giovani donne, non solo afgane. Donne che giovanissime perdono il marito, donne che sono costrette ad emigrare, a sopportare incredibili sofferenze, a condurre una vita onesta in condizioni di estrema difficoltà, avvalendosi del proprio talento e lavorando con tenacia, nella speranza di poter tornare un giorno a casa e ricostruirsi una felice famiglia.

Quella della protagonista è una figura femminile interessante: originale, fragile e forte allo stesso tempo. Quanto la sua esperienza di immigrato ha influito sulla creazione di un personaggio come Azar?

Azar è una ragazza coraggiosa e attiva, che sopporta il dolore; ma non è un personaggio creato dalla mia immaginazione. Nel periodo più difficile della sua vita, sotto le bombe e le raffiche di mitra, la sostengono il suo ottimismo e la sua immensa umanità, che non perde mai. È rimasta innamorata del marito, ucciso nella sollevazione armata contro gli invasori, ama la famiglia ed è amata. Ha una profonda fiducia in se stessa, e riesce a crearsi delle opportunità per rimanere sempre a galla e per aiutare la propria famiglia; e questo lo fa dopo una fuga rischiosa e durante un esilio penoso.

Anche io, giovane studente iraniano in Italia, non mi sono mai dato per vinto quando, a causa della mia attività politica contro il regime dello Scià di Persia, ho trovato chiusa la strada del ritorno a casa. Ho avuto fiducia in me stesso, ho fatto affidamento sull'ottimismo, sul coraggio (o incoscienza), sulla forza della giovinezza, e mi sono costruito una nuova vita in questa mia seconda patria.

Nel suo intimo considera l'Italia la sua patria?

Io sono nato e cresciuto in Iran, e di conseguenza sono cittadino iraniano per il diritto di nascita; sono profondamente legato al mio Paese di origine e soprattutto alla sua gente. Nel novembre del 1967, all'età di 24 anni, sono venuto in Italia per continuare i miei studi. In questo Paese ho terminato gli studi universitari ed ho avuto la fortuna di incontrare mia moglie Wanda; in Italia sono nati mia figlia Sarah e mio nipote Alessandro. Il 4 agosto 1981 ho avuto la possibilità, tra i primissimi iraniani, di ottenere la cittadinanza italiana per decreto del Presidente Sandro Pertini, dopo l'iter del Ministero degli Interni, del Ministero degli Affari Esteri e del Consiglio di Stato. Ho potuto svolgere l'attività di imprenditore commerciale fino il raggiungimento dell'età di pensione.

La mia risposta è: sì, considero l'Italia la mia patria e gli italiani i miei compatrioti.

Neda è un'altra inattesa figura femminile di questo racconto; è una ragazza sedicenne che chiede ad Azar: "Ora dimmi, quale è stato l'attimo più bello del tuo matrimonio?"

Non le sembra una domanda indiscreta tra due ragazze afgane in presenza dei loro familiari?

No. Dovrebbe essere allora indiscreta anche la risposta di Azar: "Quando andarono via tutti gli ospiti, dopo che ci ebbero accompagnati alla nostra nuova casa per la cerimonia dell'*aruskeshi*, finalmente io e mio marito Dariush rimanemmo soli ed entrammo nella camera nuziale". Le ragazze iraniane ed afgane, come le loro coetanee italiane, tra di loro parlano liberamente. E poi, anche se c'è chi in Afghanistan ancora impone alle proprie donne di indossare Burqa, bisogna ricordare che la traumatica esperienza della guerra e della fuga di gruppo tra i monti, ha aiutato Azar e Neda ad emanciparsi, e ha spinto gli uomini della famiglia ad accettare i piccoli cambiamenti dei costumi.

Perché ha concentrato la sua attenzione sulle ragazze afgane?

Perché, in qualunque parte del mondo, la coesione sociale, il progresso e l'applicazione di alcune forme della "democrazia diretta", senza la partecipazione delle giovani generazioni e in particolare le donne, è impossibile. Soprattutto, nei paesi a maggioranza mussulmana, dove artificiosamente per secoli, le donne sono state costrette alla totale assenza o ad un ruolo molto marginale nella vita sociale e politica.

Le ragazze protagoniste, Azar, Neda, Ozra e Najibe, dimostrano che la loro partecipazione attiva, alla vita della comunità era essenziale per tutti, uomini compresi.

Cosa pensa del ruolo delle donne musulmane in Europa?

Anche in Europa il ruolo delle donne musulmane, nel processo d'integrazione ed emancipazione degli immigrati, è fondamentale. Sono la componente più innovativa dei nuovi cittadini e soprattutto perché fanno crescere le nuove generazioni. Il principio di parità tra donna e uomo non può essere in alcun modo messo in discussione. Sono necessarie disposizioni legislative che obblighino "le mogli importate", ad imparare la lingua e a conoscere la Costituzione, i valori e le leggi fondamentali del paese d'adozione per poter cosi ottenere il permesso di soggiorno e di lavoro. In breve, è bene dare un minimo di cultura.

La società del futuro non sarà più la stessa: in una comunità pluralistica che, silenziosamente stiamo costruendo giorno dopo giorno, dovremmo imparare il mutuo rispetto.

L'obiettivo primario resta la creazione di una società dove ci sia posto per tutti. Una società in cui tutti, nativi ed immigrati, si possano sentire veri cittadini, con gli stessi diritti e doveri e le stesse opportunità, a cominciare dall'inserimento nel mondo del lavoro, nelle istituzioni politiche e negli organismi rappresentativi.

Hossein dice a Siavash: "Per ogni giovane istruito è fondamentale conoscere bene innanzitutto la propria lingua, in secondo luogo l'inglese; grazie alla diffusione dei mezzi di comunicazione, oggi è più facile praticarlo". Lei, vecchio immigrato, quale riconosce come prima lingua? Il persiano o l'italiano? E a suo tempo come ha affrontato la questione delle lingue?

La mia prima lingua rimane sempre il persiano; tuttavia man mano ho perso la fluidità nel parlarla perché non ho la possibilità di esercitarla quotidianamente, anche se, grazie ai media, ho l'opportunità di ascoltarla.

L'italiano è la mia lingua quotidiana ed è la mia lingua letteraria. Ho scelto di scrivere in italiano, perché è la lingua del Paese dove vivo, e mi riesce più facile ottenere aiuti e servizi per completare la mia opera e soprattutto divulgarla.

Poi, se riesco a scrivere un libro interessante, sarà possibile trovare qualche appassionato che lo traduca in altre lingue. Magari in inglese o proprio in persiano!

Alla seconda domanda le rispondo: ho cominciato presto a parlare in italiano; direi che già al secondo/terzo anno della mia permanenza in Italia la parlavo bene. Quello che è stato invece difficile, e a tutt'oggi rimane una grossa difficoltà, è lo scrivere in italiano. Quando non hai una base solida, quando non hai avuto la possibilità di frequentare le scuole elementari, medie e superiori in Italia, resta molto difficile imparare alla perfezione una lingua da adulto.

In ogni caso, ancora oggi, tutti i giorni, dedico qualche minuto ad esercitarmi in italiano e in inglese.

Hossein dice a Neda e Siavash: "Se potessi tornare indietro, e vivessi in un Paese normale, probabilmente non andrei via dalla mia terra". Oggi, a settant'anni, continua a pensarla così? Ha nostalgia della Persia?

Per gli immigrati lasciare il proprio paese di origine, i propri cari, gli usi, i costumi e le abitudini, per recarsi in un'altra nazione o in un altro continente, è sempre un evento doloroso e traumatico.

Io ho affrontato questo impegno per completare gli studi universitari; in seguito ho optato per rimanere in Italia, soprattutto per sfuggire alla repressione politica del regime dello Scià Mohammad Reza Pahlavi. Infine, per ragioni familiari e di lavoro, questa scelta è divenuta definitiva. I quattro o cinque anni che avevamo programmato io e la mia famiglia, sono diventati più di quaranta. È trascorsa una vita!

Mi piace viaggiare in Iran, ma non sono nostalgico, e comunque non ritengo la nostalgia un sentimento negativo. Ho i piedi piantati nel passato, ma lo sguardo rivolto al futuro.

Siavash e Neda non sono partiti per l'Europa ma sono tornati in Afghanistan; quale è stata la ragione di questa scelta?

Il loro grande amore, l'ottimismo, la giovinezza e l'affetto dei genitori, pragmatici e coerenti: tutto questo ha dato loro la forza di restare. Nel tempo, la loro decisione è stata premiata. Anche nelle condizioni difficili della fuga e dell'esilio loro vivevano interiormente felici, perché erano pieni d'amore, uno per altro.

Ciò che ha detto ora, non è in contrasto con l'ultima frase del racconto che è: "La mia casa è in Italia, dove amo stare con la mia famiglia, perché posso vivere e scrivere in piena libertà, e mi sento a mio agio perché il valore della legalità è certo."?

No, proprio perché ognuno, a seconda delle occasioni capitate o fortemente cercate durante la sua vita, decide del suo futuro. La patria è dove c'è l'amore, e dove puoi vivere e lavorare in libertà, sicurezza e parità di diritti e doveri, o almeno agisci perché ciò avvenga.

Come si è sviluppata la sua competenza per i tappeti orientali e per il linguaggio dei loro motivi e dei loro simboli?

Sono nato e cresciuto sui tappeti persiani annodati a mano. Il loro vello morbido, di soffice lana d'agnello persiano, era il mio campo di giochi e attutiva le mie cadute infantili. L'armonia delle loro tinte mi rasserenava e mi dava allegria nel cuore dell'inverno freddo e buio. I loro disegni e i motivi di giardini persiani, o "quattro stagioni", gli alberi della vita e le scene di caccia, risvegliavano la mia fantasia e rinfrescavano le calde estati della mia fanciullezza.

Da grande, per più di trent'anni ho lavorato nel settore dei tappeti, ho continuato a studiare e a tenermi aggiornato su tutte le novità in questo campo. Da decenni sono perito ed esperto camerale di tappeti ed arazzi nazionali ed esteri. È naturale che ogni mia conoscenza sia il frutto dello studio e dell'esperienza.

Quali sono le funzioni pratiche e i messaggi psichici dei motivi di un tappeto classico persiano o tribale in un arredamento moderno?

I simboli, i motivi e i disegni dei tappeti orientali, quasi sempre sono portatori di un messaggio ed hanno un preciso significato. Le loro tonalità di azzurro, turchese e verde pistacchio trasmettono la serenità. Il rosa e le sue tonalità risvegliano la sensualità e l'amore. Il rosso e le sue tonalità stimolano il risveglio e la vivacità.

Anche per casa sua ha scelto i tappeti secondo il significato dei loro motivi?

Sì, innanzitutto si deve guardare alla funzionalità del tappeto come arredo e alla protezione del pavimento di ogni specifico angolo della casa. Successivamente, è importante valutare le sue tonalità di colore per similitudine o contrasto con l'ambiente. In ultimo, hanno una importanza particolare: i motivi, i simboli e il disegno complessivo del tappeto e la sua rarità, e magari, nel caso dei tappeti tribali o di quelli di città fatti su ordinazione, la loro unicità.

Hossein ha detto ad Azar: "Grazie per la vostra gentile ospitalità. Conserverò per sempre il vostro tappeto come ricordo di quest'incontro". Ha mantenuto questa sua promessa alla Ragazza afgana?

Sì, tuttora ho il piacere di possedere a casa questo esemplare unico di tessitura tribale afgana. Grazie all'ispirazione che mi ha trasmesso questa opera d'arte nel tempo, sono riuscito a scrivere il presente racconto.

Da quando vive in Italia, ha favorito l'immigrazione di un congiunto, o di un altro iraniano in questo Paese?

Non in modo diretto. Indirettamente solo nel caso di una mia stretta parente, tra l'altro una scienziata di alto prestigio e di utilità sociale nel campo della medicina.

Lei è un esempio di felice integrazione di un musulmano mediorientale in un Paese con una Costituzione laica e con la maggioranza della popolazione di fede cattolica e cristiana. Cosa consiglia ad altri immigrati e ai suoi figli?

L'immigrazione è lo spostamento fisico di un essere umano da una terra all'altra, necessita di grandi sforzi e sacrifici per abituarsi al nuovo clima, ai cibi diversi, ad una nuova lingua e, più importante di tutto, ci si deve abituare a convivere in una nuova società e con gente nuova. Tutto questo crea nell'immigrato un costante malessere che potrà sparire solamente attraverso il processo d'integrazione.

L'integrazione non significa la perdita dell'identità nazionale, religiosa e culturale dell'immigrato, e l'assimilazione totale dell'individuo nella società e nel paese d'adozione. Questo, oltre tutto, spesso non è possibile per le differenze dei caratteri somatici ed il colore della pelle dell'immigrato.

In ogni caso, l'integrazione avviene attraverso il dialogo ed il costante confronto con la popolazione e le sue istituzioni civili, religiose e culturali.

L'apprendimento ed il rispetto degli usi, dei costumi e delle credenze religiose della popolazione, lo studio della storia, della Costituzione e dei valori fondanti dello Stato, e la loro condivisione sono indispensabili per una effettiva integrazione nel nuovo paese.

Lei narra episodi che ha vissuti in prima persona; non possiamo parlare di autobiografia?

"Le ragazze afgane" non è un'autobiografia. Della mia vita ho raccontato solo i fatti ed i momenti che avevano un collegamento diretto con il tema del racconto.

"Hossein, il narratore, oltre al piacere e all'impegno di scrivere, vive intensamente tra la sua gente e nel suo territorio in Italia; territorio così bello e baciato dalla dea fortuna, ma anche aggredito e minacciato dalle speculazioni immobiliari, che decretano il suo declino. Per questo è impegnato nella tutela dei diritti del cittadino, del suo ambiente di vita e del suo esercizio della libertà." Oltre che scrivere, cosa fa di preciso?

Nell'impegno per la costruzione di un mondo migliore, le cui fondamenta siano la giustizia, la democrazia e la pace, dobbiamo compiere un grande sforzo anche noi immigrati musulmani, donne e uomini insieme ed alla pari. Innanzitutto non dobbiamo chiuderci tra le mura domestiche della nostra casa e della nostra comunità, conducendo una vita divisa e parallela alla gente del paese in cui viviamo. La voglia di partecipazione e di emancipazione ci deve spingere ad imparare la lingua, la storia, la cultura e le tradizioni del nostro nuovo paese. Non possiamo restare eternamente stranieri nel paese in cui viviamo, e per di più sentirci stranieri anche quando torniamo in patria, conseguenza naturale dei lunghi anni di lontananza.

Nel Comune e nella Provincia dove vivo, nella veste del coordinatore del "Comitato per la difesa dei diritti del cittadino", seguo in modo costante l'attività delle Amministrazioni locali. Faccio informazione il più possibile imparziale e approfondita sui maggiori problemi cittadini, a mezzo degli articoli per la stampa periodica, dei comunicati per la stampa quotidiana e della mia Mailing list. Per le questioni che riguardano i rapporti tra gli elettori e gli Amministratori, cerco di ottenere spazi di partecipazione per i cittadini nella programmazione del Comune. Ad esempio: La difesa dell'ambiente e Stop al consumo del territorio, contro le speculazioni edilizie. Parallelamente a questo, studio piani e proposte per la difesa dei livelli di vivibilità del Comune. Studio il Bilancio comunale per individuare gli sprechi ed elaborare proposte per abbassare le tasse comunali. Faccio informazione sui conflitti d'interesse dei Consiglieri comunali. Organizzo le rassegne culturali per far conoscere ai cittadini gli autori e gli artisti del territorio e le loro opere.

In conclusione, insieme ad amiche ed amici, nell'ambito di un Comitato scrupolosamente autofinanziato, cerchiamo di conquistare spazi di "Democrazia Diretta" e di maggiore trasparenza del Comune. Compito molto arduo, stanti le normative attuali, e con i vecchi politici che, per formazione, non si curano dei diritti del cittadino.

Alla fine ha inserito due consistenti capitoli: "Glossario delle terminologie persiane (farsi dari) usate nel racconto" e "Cronologia dei fatti storici più importanti accaduti in Iran ed Afghanistan, dal 1499 ad oggi". Non le sembra insolita questa scelta?

Non è necessario leggerli dall'inizio alla fine, ma possono essere utili per le consultazioni.

Il glossario dei termini in lingua persiana (*farsi dari*) è utile in quanto molte parole sono intraducibili in italiano e non si trovano nelle attuali Enciclopedie o nei dizionari d'uso corrente.

La Cronologia dei fatti storici più importanti accaduti in questi due Paesi, può essere utile per seguire e comprendere meglio gli avvenimenti e i dialoghi del racconto.

Lei è nato, cresciuto e diplomato in Iran, ed è venuto in Italia per gli studi universitari, quindi non ha imparato l'italiano nelle scuole di primo e secondo grado; non è stato difficile scrivere un racconto in questa lingua? Se è stato difficile, perché non lo ha scritto in persiano, per poi tradurlo in italiano?

Effettivamente, è stato molto difficile e laborioso. Sono stato fortunato ad essere aiutato da mia moglie Wanda e dagli amici che hanno contribuito ad arricchire, migliorare, correggere e rendere piacevole e fluido il racconto. La mia profonda gratitudine va ad ognuno di coloro che sono stati citati nelle pagine dei ringraziamenti.

Quando tempo le ha richiesto la stesura?

I lavori della prima stesura sono iniziati nel novembre 2008 e proseguiti per tutto il 2009 e 2010. Nel 2011 ho cominciato a fare la seconda stesura e le correzioni. Nel marzo 2012 ho pubblicato in forma riservata la prima edizione. Dopo le correzioni, le modifiche e gli arricchimenti seguiti ai suggerimenti dei lettori, nell'ottobre 2012, sempre in forma riservata, ho pubblicato la seconda edizione. Dal novembre 2012, insieme all'amico Nicola Di Penta, abbiamo curato la rivisitazione di tutto il libro e l'editing finale del testo. A fine di dicembre 2012, ho curato gli ultimi aggiornamenti della Cronologia sulla situazione afgana. I lavori delle ultime letture sono terminati nel gennaio 2013.

Nel complesso, con alti e bassi, ho lavorato costantemente per quattro anni e tre mesi, e in alcuni periodi ero coadiuvato da qualche amico.

Quanto le è servito mettere nero sul bianco le vicende di un gruppo di profughi afgani? Il suo interesse per l'argomento dell'immigrazione nasce dal fatto che anche lei è stato un immigrato?

Mi è servito molto. Ho scritto "Le ragazze afgane" anche per me stesso. Mi è sempre stata chiara l'intenzione di offrire un messaggio a chi vive nelle dure condizioni dell'esilio, lontano da casa, e in generale a chi si è arreso alle difficoltà della vita. Io dico che possiamo farcela, tutti. Ma per ogni cambiamento, per ogni novità, c'è bisogno di essere consapevoli e di partecipare al risveglio; come hanno fatto Azar, Neda e Najibe.

E ora pensa di scrivere un nuovo romanzo o un saggio?

Sì, sto pensando a un saggio che contenga quei capitoli che, per la fluidità e omogeneità del racconto, abbiamo deciso di togliere dal testo.

Qual è l'argomento del suo nuovo saggio?

La costruzione della democrazia e la sua difesa dai tanti nemici che la combattono.

Indice delle figure

Figura 1 - Mappa fisica dell'Afghanistan. 8

Figura 2 - Mappa politica dell'Afghanistan. 9

Figura 3 - Mappa del territorio controllato dalle forze sovietiche durante la guerra in Afghanistan. 10

Figura 4 - Mappa politica della Repubblica Islamica dell'Iran. 11

Figura 5 - Mappa politica e turistica delle regioni orientali della Repubblica Islamica dell'Iran. 12

Figura 6 Tappeto afgano, Hezareh di Azar, cm. 200 X 115. 42

Figura 7 Tappeto afgano Hezareh di Ozra cm 200 X 115. 143

Figura 8 Particolare del tappeto afgano di Ozra con il motivo herati decorato con pistole e rosette. 144

Figura 9 Vari tipi di abbigliamento femminile nei Paesi mussulmani: niqab (Afghanistan, Penisola Arabica), burka (Afghanistan, Penisola Arabica), chador (Iran), hijab (Iran, Turchia). 167

Figura 10 - Katibeh sul tessuto. 168

Figura 11 - Katibeh (e bordura Katibeh), Tappeto Ardebil (Iran), 1539, Victoria & Albert Museum, Londra. 168

Figura 12 - Cartone, particolare del disegno della bordura di un tappeto Qum. A sinistra campioni dei filati colorati e numerati. 169

Figura 13 - Motivo herati di un tappeto Ferahan "vecchio", Iran, cm 298 X cm 165. 174

Figura 14 - Motivo herati di bordura, Birjand, Iran, vecchio, firmato "Società Fratelli Amini", tinte naturali cm 300 X cm 200. 175

Figura 15 - Hijab in Iran, da sinistra le prime due ragazze indossano maqnae, la terza ha rusari (foulard), la quarta e la quinta hanno il chador. 176

Figura 16 - Ragazze iraniane con maqnae. 182

Figura 17 - Nodo asimmetrico o persiano (senneh, farsibaft). 185

Figura 18 - Nodo simmetrico o turco (ghiordes o turkbaft). 186

Figura 19 - Nodo spagnolo. 187

Figura 20 - Telaio orizzontale, Dolatabad, Afghanistan, una ragazza turcomanna annoda un tappeto Mauri con il motivo "gul (gol) Tekke". 197

Figura 21 - Telaio verticale, Kashmar, Iran, laboratorio "Farsh Reza", Hossein Fayaz. mentre sta lavorando ad un prototipo, maggio 1988. 198

L'editore si dichiara pienamente disponibile a soddisfare eventuali oneri derivanti da diritti di riproduzione per le immagini di cui non sia stato possibile reperire gli aventi diritto.

Dallo stesso autore

Visita http://www.hosseinfayaz.com

Di prossima pubblicazione

Il sistema svizzero funziona

Dalla comparazione dei dati statistici mondiali negli ultimi quaranta

anni è evidente che il sistema politico svizzero funziona

2015 Fayaz Editore, Morciano di Romagna (Rimini).

Potere dei cittadini

Racconti di esperienze di vita vissuta in Iran, Svizzera, Germania e Italia.

2014 Fayaz Editore, Morciano di Romagna (Rimini).

Il manuale dei tappeti

Manuale pratico per l'acquisto e la manutenzione

dei tappeti orientali

2008 Fayaz Editore, Morciano di Romagna (Rimini).

Dialogo e Integrazione

Integrazione degli immigrati musulmani in Europa

2005 Fayaz Editore, Morciano di Romagna (Rimini).

شرق و غرب **Sharq & qarb**

Goftvagu bin do dust (in lingua *farsi*)

(**"Oriente ed occidente"**

Il dialogo tra due amici d'infanzia)

2005, Mahjan Editore, Mashhad, Iran.

Iran dalail adam roshd

(in lingua *farsi*)

(Iran, le ragioni del non sviluppo)

Un Paese antico con immenso capitale umano e risorse naturali,

senza l'adeguato sviluppo economico ed industriale

2005, Mahjan Editore, Mashhad, Iran.

Io musulmano in Italia

Quale Islam in Europa?

Conciliare la fede religiosa e i diritti umani

in un Paese democratico

2004 Fayaz Editore, Morciano di Romagna (Rimini).

Amuzegar rustae Orteh-Cheshmeh

(in lingua *farsi*)

(Il maestro del villaggio Orteh-Cheshmeh – Quchan, Iran)

Esperienza di un soldato di leva dell'"Esercito di Sapere" nella lotta all'analfabetismo e arretratezza.

1998 Edizione Alawi, Teheran, Iran.

Il tappeto persiano: cultura e società orientale a casa

Conoscere il tappeto persiano, l'eredità di un'arte millenaria, che arreda le case.

1981 © Hossein – Fayaz Torshizi, Pesaro.

Considerazioni sugli scambi commerciali italo iraniani,

con ampi riferimenti al petrolio

Petrolio, chi ci guadagna per davvero?

Sottosviluppo economico è la conseguenza degli scambi commerciali sbagliati.

1974 © Hossein – Fayaz Torshizi, Urbino.

www.ingramcontent.com/pod-product-compliance
Lightning Source LLC
Chambersburg PA
CBHW062155080426
42734CB00010B/1691